郑州市名镇志文化工程

雁鸣湖镇志

郑州市地方史志编纂委员会　主办
郑州市地方史志办公室　编著

中国水利水电出版社
www.waterpub.com.cn
·北京·

图书在版编目（CIP）数据

雁鸣湖镇志 / 郑州市地方史志办公室编著. -- 北京：中国水利水电出版社，2019.12
郑州市名镇志文化工程
ISBN 978-7-5170-8214-9

Ⅰ. ①雁… Ⅱ. ①郑… Ⅲ. ①乡镇—地方志—中牟县 Ⅳ. ①K296.15

中国版本图书馆CIP数据核字（2019）第253808号

审图号：豫郑S〔2020〕002号

总 策 划：营幼峰
选题策划：马爱梅　宋建娜　张小思
责任编辑：宋　春

	郑州市名镇志文化工程
书　名	雁鸣湖镇志
	YANMINGHU ZHEN ZHI
作　者	郑州市地方史志办公室　编著
出版发行	中国水利水电出版社
	(北京市海淀区玉渊潭南路1号D座　100038)
	网址: www.waterpub.com.cn
	E-mail: sales@waterpub.com.cn
	电话: (010) 68367658 (营销中心)
经　售	北京科水图书销售中心 (零售)
	电话: (010) 88383994、63202643、68545874
	全国各地新华书店和相关出版物销售网点
排　版	北京金五环出版服务有限公司
印　刷	北京印匠彩色印刷有限公司
规　格	184mm×260mm　16开本　12.5印张　220千字
版　次	2019年12月第1版　2019年12月第1次印刷
印　数	0001—1700册
定　价	98.00元

（注：图内行政界线不作为实际划界依据）

雁鸣湖镇俯瞰之一

雁鸣湖镇俯瞰之二

雁鸣湖俯瞰之三

雁鸣水乡

郑徐高铁穿境而过

郑州市名镇志、名村志、名街志编纂委员会

《雁鸣湖镇志》编纂委员会

主　　任　刘海玲

副 主 任　梁全峰　王　锋　孙迎彬

委　　员　王恒超　田建杰　王菊红　马平川

编　　撰　**河南日报农村版**

顾　华　盛俊红　殷淑娟　刘振宇　段俊韶　孙　兵

雷　震　王　慧　武玲燕　梁芳芳　雷泽洋

摄　　影　赵　羽　朱昌辉

序

2018年以来，我们在中国地方志指导小组办公室、河南省地方史志办公室的热情指导和大力支持下，在郑州市各县（市、区）地方史志工作机构及相关镇、村、街道的共同努力下，开拓创新，克难攻坚，相继完成了11部镇志、1部村志、18部街道志，共计30部基层志书的编纂出版工作。这是我市坚持以习近平新时代中国特色社会主义思想为指引，认真贯彻落实《全国地方志事业发展规划纲要（2015—2020年）》（国办发〔2015〕64号），围绕中心、服务大局，推动地方志事业高质量发展、发挥存史、资政、育人职能作用的一项重要成果。

这30部志书以镇志、村志、街道志为主线，全面、客观地记述了郑州从一座古老的城市发展成为国家中心城市的历史进程，阐释了中华文明、中原文化在郑州这座城市的文明形态起源、嬗变和现代转型。聚焦黄河文化、商都文化、黄帝文化、河洛文化、嵩山文化和二七精神等重要的城市文化名片，我们组织编纂了管城区《东大街街道志》《西大街街道志》《城东路街道志》，二七区《德化街道志》，金水区《杜岭街道志》，巩义市《回郭镇志》《大峪沟镇志》《康店镇志》《河洛镇志》《站街镇志》，新郑市《孟庄镇志》《新建路街道志》，惠济区《古荥镇志》，上街区《峡窝镇志》《方顶村志》，中牟县《雁鸣湖镇志》，新密市《刘寨镇志》，登封市《告成镇志》等一批志书。我们尝试从地方志的角度描述、分析这些文化的历史演进，宏大叙事与微观剖析并重，讲述方志故事，凝聚城市精神，发现并彰显这些深藏在街道社区、乡镇村庄里的城市文化根脉。

我们借鉴人文地理学和社会学的调查研究方法，在中原区委、区政府的支持下，组织编纂了该区《西流湖街道志》《中原西路街道志》《桐柏路街道志》《三官庙街道志》《棉纺路街道志》《绿东村街道志》《林山寨街道志》《汝河路街道志》《航海西路街道志》《须水街道志》《秦岭路街道志》《建设路街道志》12部街道志，对一个行政建置区域的政治、经济、文化、社会、生态建设状况，特别是对自中华人民共和国成立以来各个历史时期的发展做了全方位的较完整记述。这些街道志组成了美丽的“方志拼图”，从中我们可以清晰地看到中原区从一个传统的城郊农业区，在新中国成立初期形成郑州市的市级行政中心、文化中心和现代工业区，改革开放以来经过国企改革的华丽“蝶变”，转型升级为现代化宜居宜业新城区的时空轨迹。

我们在丛书编纂中基本采用了中国地方志指导小组办公室确定的中国名镇志、名村志、名街志编写体例，以质量为生命线，强化精品意识，与各编纂单位和出版单位一起，对每部志书严把政治关、史实关、体例关、文字关、出版关，认真贯彻落实《郑州市地方志工作规定》要求，理顺管理体制和运行机制，分级负责与属地管理相结合，明确了市、县（市、区）、镇（街道）、村等各级在志书编纂中的具体权责，一级抓一级，层层抓落实，形成了踏石留印、抓铁有痕的良好工作格局。

在编纂方式上，我们积极适应“读图时代”的现代读者需求，在锤炼文字表达的同时，特别突出了“图像存史”的作用。我们与河南省美术家协会合作，组织一批在省内乃至全国有影响力的优秀画家，深入基层开展采风创作，用画笔描绘郑州美丽乡村和城市现代街区风貌。我们要求编纂单位注意对优秀美术作品的资料收集，如巩义籍著名画家陈天然、徐小龙等长年扎根农村基层，创作出一批表现浓郁乡土风情的优秀美术作品，经其家人慨允，许多作品收入相关志书，成为熠熠生辉的亮点。中共郑州市委宣传部外宣办，河南日报新闻图片有限公司，郑州日报社及市、县（市、区）摄影家协会等单位和许多优秀、敬业的摄影家，为我们提供、创作了一大批精彩的摄影作品，与志书篇章结构和语言文字同步配合，形成了一个全新的图像叙事体系。这已不是简单的配图、插图、图文并茂，而是把图像证史、存史放在了编纂方式创新的维度上来考量其价值与意义。

为提高志书编纂的学术品质，我们与郑州大学建筑学院合作，开展传统村落与民居保护和城市街区建筑文化专项调查，形成了一批研究成果，并在编纂中予以重点展示。郑州市是中华文明探源工程、夏商周断代工程等考古研究的重点区域，拥有世界文化遗产——登封“天地之中”历史建筑群和诸多国家重点文物保护单位，各类历史文化遗迹俯拾即是。

在文物部门的大力支持下，我们在相关志书编纂中，注意收录考古最新发现及研究成果，以丰富志书编纂的文化内涵。

这里需要特别感谢的是，河南日报农村版、中国水利水电出版社等单位积极、热情地参与到编纂工作中，帮助我们探索了史志工作与专业机构通力合作、优势互补、众手成志的史志编纂新模式。在这部丛书出版之际，谨向支持、参与这项工作的所有部门、单位，领导、专家和基层史志工作者表示真诚的谢意！

以上是我们在郑州市名镇志、名村志、名街志文化工程中的一些尝试，不足之处敬请批评指正，以便在今后工作中认真加以改进。

郑州市地方史志办公室

2019年12月

凡　例

一、指导思想　以马克思列宁主义、毛泽东思想、邓小平理论、“三个代表”重要思想、科学发展观、习近平新时代中国特色社会主义思想为指导，坚持辩证唯物主义和历史唯物主义的立场、观点和方法，存真求实，全面、客观、系统记述中国名镇城镇化进程和改革开放成果，传承和抢救乡土历史文化，激发爱国爱乡情怀，留住乡愁，为探索中国特色新型城镇化建设、服务乡村振兴战略提供历史智慧和现实借鉴。

二、质量要求　参照中国地方志指导小组印发的《地方志书质量规定》执行。在坚持志体的前提下，体裁运用、篇目设置、资料选择等作适当创新。内容以记载镇域范围内的微观资料为主，详市县志之所略。根据不同类型名镇的特点，记述域内自然、政治、经济、文化、社会的历史与现状，重在突出当地“名”与“特”的内涵，从而达到执简驭繁、文约事丰、易于阅读、利于普及的目的。

三、时间断限　为全面反映入志事物发展脉络，各志上限追溯至事物发端，下限一般断至各镇志启动编修年份，个别重大事项可延至搁笔。详今明古，着重反映时代特色和地方特点，重点体现各镇的“名”与“特”。

四、记述范围　记述地域范围以下限年份的行政辖区为主。为体现名镇在更大区域内的意义，可以从更开阔的区域视野记述与该镇相关的内容。

五、总体结构　统一采用纲目体，设类目、分目、条目三个层次。横排门类，纵述史实。所设类目除《中国名镇志丛书基本篇目》要求的必设内容外，个别事项根据本镇实际情况适当作升格或降格处理。

六、体裁形式　综合运用述、记、志、传、图、表、录等各种体裁，以志体为主。体裁运用适当创新，篇目设置不求面面俱到，一般意义上的乡镇级内容可简略记述。

七、语言文体　除引用文字和附录文献资料外，统一使用规范的现代语体文记述，行文力求朴实、严谨、简洁、流畅，具有较强可读性。

八、人物载录　人物类目设人物传略、名人与 ×× 镇、人物表录等分目。人物传略遵循“生不立传”原则，选录对本镇发展有重大影响者，按生年排序。名人与 ×× 镇记述在政治、经济、文化、社会等方面有重大影响的著名人物（政治家、艺术家等）在本镇的活动历史片段。同时，在其他类目中采用以事系人的方式介绍人物。

九、图照表格　志中随文配图，图下设文字说明，图文并茂。表格统一编排序号。

十、数据　各项数据一般采用国家统计部门数据。数据缺乏的，采用主管部门或主办单位正式提供的数据。

十一、计量单位　采用国务院 1984 年 2 月发布的中华人民共和国法定计量单位。历史上使用的计量单位，如斗、石、里、尺、磅、华氏度等，在引文时照录，并以类目为单位首次出现时应加注。

十二、纪年　中华民国成立前的纪年，使用朝代年号纪年，括注公元年份；中华民国成立后的纪年，均使用公元纪年。志中所称“解放前（后）”，以该镇解放日为界；“新中国成立前（后）”，以中华人民共和国成立日 1949 年 10 月 1 日为界；“改革开放前（后）”，以 1978 年 12 月中共十一届三中全会召开为界。“×× 年代”，凡未加世纪者，均指 20 世纪。

十三、称谓　记事概以第三人称记述。人名直书其姓名，必要时冠以职务职称。地名以现行标准地名为准。如使用历史地名，于首次出现时括注现行地名。各个历史时期的党派、团体、组织、机构、职务等均以当时名称为准。对于称谓过长而又频繁使用者，于首次出现时使用全称并同时括注简称，之后使用简称。

十四、数字、标点　遵循国家标准和出版规定，志中数字书写以 GB/T 15835—2011《出版物上数字用法》为准，使用标点符号以 GB/T 15834—2011《标点符号用法》为准。

十五、本凡例对于各镇志编纂中的未尽事宜，在“编纂始末”中予以说明。

目　录

中原水乡　大美雁鸣

LOCAL RECORDS OF YANMINGHU

一

雁鸣湖镇位于中牟县北部，东邻狼城岗镇，西连万滩镇，南接大孟镇，北隔黄河与原阳县相望，面积96平方千米，辖19个行政村，人口3.3万余人。

辖区早在5000年前的新石器时代前期，已有人类居住生活，开始制造、使用石器和陶器，驯养家畜，栽培谷物。到新石器时代中后期，随着仰韶文化的传播和发展，先民的住房由地下穴式发展为板筑夯墙式建筑，形成氏族部落。从雁鸣湖湖区出土的玉器、彩陶上可以看出，当时手工业有了相当的进步和发展，先民用双手和智慧创造出了丰富多彩的农耕文化。

春秋时期，辖区为萑苻泽地带。周景王二十三年（公元前522年），奴隶们不堪奴隶主残酷压迫，以萑苻泽为聚集地，组织武装起义，反抗奴隶主压迫，后被镇压，起义失败，史称“萑苻泽奴隶起义”。

相传，孔子周游列国，途经中牟县南岩村，因故而回车，留下“夫子回车处”和“昔仲尼，师项橐”的著名故事。

据传说，汉朝丞相萧何死后，被埋葬于雁鸣湖镇小朱村东。朱固村流传有村妇舍饭救刘秀的故事，刘秀得帝登基，封朱固村妇的丈夫为相公，并在朱固村建庙祭之。

北宋时期，镇区为京畿地带，又邻近汴河，是皇家贵族游玩的胜地，号称京西花园。辖区有八贤王赵德芳建的八角城，后来还建有赵德芳墓。1989年6月，赵德芳墓被定为县级文物保护单位。

明朝时期，雁鸣湖一带商贸发达，成为中牟八大商贸名镇之一。南岩村重修有孔子回车庙、固住寺、洪果寺、洪量寺、观音堂。大韩家庄是跟随明成祖朱棣的中级将领韩太极建村扎寨而形成的。现韩太极墓前明万历年间的三通古碑保存完好，被中牟县政府公布为县级文物保护单位。

清朝时期，由于黄河频繁决口，人们多次外迁，多处古迹沉没地下。清朝中期，黄河下汛官署设在东漳村，并兴起了集市，后东漳村建起了永固寨，重建了孔子回车庙、大王庙、火神庙、三王庙、灵官庙等。

雁鸣湖镇老照片——永固寨

雁鸣湖镇虽历史悠久，但因其地处黄泛平原，历史上这些古迹和人文景观，因黄河决口而遭到毁坏，少有存留。

二

雁鸣湖镇地处郑汴之间，西距郑州约 30 千米，东距开封约 20 千米，北依黄河大堤，南临连霍高速公路。雁鸣大道贯穿南北，村村通公路，公交来往便利。辖区内有雁鸣湖生态风景区、黄河滩涂保护区和中牟·国家农业公园等众多旅游景点，生态环境优美，农产水产丰富，田园风光秀美。

雁鸣湖原为黄河泛滥形成的一片湿洼地，20 世纪 80 年代末，成为赵口总干渠用来向下游输送清水的万亩沉沙池，但因底部淤土抬高后无法使用而废弃。废弃后池内几个大的

黄河滩涂

雁鸣湖生态风景区 郭少宁 摄

坑潭长年积水，芦草蒲苇丛生，鱼蟹成群，引来白鹭、大雁、鹳鹤等70多种鸟类栖息繁衍，形成了一片充满诗情画意的自然景观。

近年来，随着人们逐步回归自然、崇尚天然意识的增强，周边市民在双休日、节假日休闲郊游，黄河沿岸的自然风景越来越受到青睐。

1999年，中牟县委、县政府因地制宜，决定开发雁鸣湖生态风景区。2001年，将其正式命名为雁鸣湖。雁鸣湖当年引进大闸蟹养殖并获成功，成为当地旅游餐饮的特色产品。自2001年起，雁鸣湖生态风景区举办15次大闸蟹美食节，以大闸蟹美食和生态游体验吸引了众多游客，形成"文化搭台，经济唱戏"的美食节模式，带动了辖区旅游经济快速发展。

为实施观光旅游农业，2011年县委、县政府把中牟·国家农业公园开发项目定在雁鸣湖镇，园区北至运粮河，东南至丁村沟，西接雁鸣大道，三面环水一面临路，交通便利。园区着力发展蔬菜、花卉、渔业、休闲观光四大产业。从2014年起连续3年，郑州中牟农业嘉年华活动在中牟·国家农业公园成功举办，活动突出"农业+旅游"，成为集农业生产、生态、休闲、旅游等于一体的都市生态农业盛会，促进了雁鸣湖镇旅游业的发展。

中牟 · 国家农业公园

经过近20年的开发，雁鸣湖镇按照“全域旅游化”“农旅一体化”的发展思路，大力发展观光农业、休闲农业等生态旅游农业。镇内拥有雁鸣湖生态风景区、中牟·国家农业公园、中牟雁鸣蟹岛生态度假风景区、雁鸣湖观鸟林森林公园、静泊山庄、鹭鸣湖景观水系、沙窝森林公园、雁鸣湖飞行体验中心等十几个旅游景区，采摘园、垂钓园50余处，旅游餐饮、住宿行业得以规范和发展，走出了一条“以农促旅、以旅兴农”的农旅融合发展之路。

三

雁鸣湖镇地势北高南低，气候温和，光照充足，雨热同期，利于多种作物生长。但由于该镇位于黄河滩区，黄河大堤以南为沙质土壤，盐碱卤严重；黄河大堤以北易旱，风沙严重，再加上时有黄河洪水泛滥冲垮农田，影响了雁鸣湖镇农业发展。

20世纪60—70年代，政府建成三刘寨和赵口引黄闸，雁鸣湖镇内接连开挖了东干渠、丁干渠、运粮河、丁村沟、赵口总干渠等引黄和排水河道，进行引黄淤灌、排涝治碱、改土种稻，农业生产发生显著变化。

20世纪80年代，经过引黄改土后，稻麦轮作，不但可以种稻，稻茬还可以播麦，一年两季收成。农业生产实行生产责任制，农民积极性大大提高。到1990年，黄河大堤以南的盐碱卤地全部变成了稳产高产田。除了小麦、大豆、玉米等粮食作物外，镇区还种植棉花、花生、蔬菜、西瓜、大蒜、油菜、芝麻等经济作物，尤其是花生、大蒜、西瓜成为当地的特色农产品。至2018年，镇区农业丰收，全镇粮食产量2100余万公斤，其中小麦产量约1053万公斤，玉米产量约1094万公斤；经济作物中，花生产量 223.7 万公斤，西瓜产量 626.3 万公斤，大蒜产量 1865.2 万公斤。

20 世纪 90 年代，在中牟县国营渔场和联合国粮农计划署援建项目的促进带动下，镇区水产养殖业发展迅速。1995 年后，全镇掀起开挖鱼塘水产养殖高潮，1999 年引进大闸蟹，成为雁鸣湖镇的特色产品，水产业成为镇内的经济支柱产业。

在农副业发展的同时，旅游业的兴起为雁鸣湖镇带来了新的经济增长点，至 2018 年，雁鸣湖镇旅游收入 23904 万元。

东干渠

2012年，作为北部旅游观光农业示范区的先导区的中牟·国家农业公园在雁鸣湖镇开工建设，着力发展蔬菜、花卉、渔业、休闲观光四大产业，重点体现生产示范、旅游、文化、科技等功能。

进入21世纪，雁鸣湖镇按照中牟县“率先实现全域城镇化、率先建成都市型田园城市”的发展要求，大力发展高端高效农业、名优品牌农业、科技智能农业、休闲观光农业等现代化农业，朝着乡村振兴目标快速前进，让辖区农民过上更加幸福美好的新生活。

四

中华人民共和国成立前，镇内居民住的多是土垛或土坯垒墙盖起来的草房，只有少量的瓦房。中华人民共和国成立至20世纪70年代，群众的生活得到改善，各村逐渐建起了

农业生产

新瓦房。至1990年，不少农户盖起两层小楼。2000年后，村村自建的楼房拔地而起，房间基本都是大门窗、宽阳台、地板砖，村民的居住条件进一步改善。到2011年，全镇新楼房约占50%，瓦房、楼房、平房约占50%。

2011年后，镇政府根据上级新型城镇化建设的精神，进行合村并镇，规划建设新社区。至2019年，雁鸣湖镇共建成东村社区、韩寨社区、太平庄社区、朱固社区4个社区，辖区6个村庄，约1.8万人入住社区，达到镇域总人口的一半。新社区内幼儿园、小学、标准化卫生室、综合服务中心、科技文化活动中心、社区商业等配套设施完善，引进高水平的物业管理团队，提供高品质的物管服务，辖区居民生活品质大幅度提高。

中华人民共和国成立前，辖区公路基础设施薄弱，村与村之间多是窄土路。中华人民共和国成立后，道路建设取得了长足进步，升级改造郑开公路（北线）的同时，东赵公路等工程也顺利完工通车，极大地方便了居民的出行。

20世纪70年代，修建中东柏油路，80年代修建了中狼路，又陆续修建了东漳至辛寨防汛路、中东路至小朱村柏油路、中东路至小店村柏油路等道路。2000年后，辖区内公路里程36千米，村村均有公路相通，各村主街道都铺成了水泥路。

2012年后，随着郑开大道、雁鸣大道、环湖路、星辰路等道路的建成完工，镇区基本形成主干路“三横两纵”的框架道路结构。辖区主次干道与运粮河水系两侧绿带、旅游景点、广场相互联通，成为一个整体，宜居、宜游、宜乐的中原风情新市镇初具规模。

进入新世纪以来，雁鸣湖镇坚持以党的建设高质量推动经济发展高质量，实施乡村振兴战略，推动社会主义核心价值观在农村落地生根，乡风民风得到明显改善，群众的文明素养不断提升，先后被评为全国重点镇、全国文明镇、国家卫生镇、省重点示范镇、省水美乡村、省美丽宜居乡村、省级特色景观旅游名镇、省市级中心镇、市新型城镇化建设十强乡镇等。

星辰路

基本镇情

雁鸣湖镇地处中原经济区、郑州都市区、郑州新区“三区叠加”的黄金地带，是郑州市确定的 18 个中心镇之一。

雁鸣湖镇位于中牟县北部，东邻狼城岗镇，西连万滩镇，南接大孟镇，北隔黄河与原阳县相望。2019 年，全镇总面积 96 平方千米，耕地 45390 亩（1 亩≈666.7 平方米），辖 19 个行政村，总人口 3.3 万余人，共有东村社区、韩寨社区、太平庄社区、朱固社区 4 个社区，回迁安置群众 1.8 万人。

雁鸣湖生态文明示范区、黄河滩涂保护区和中牟·国家农业公园都在辖区内，同时还拥有郑州东部面积最大的森林和湿地，生态环境优美，农产水产丰富，田园风光秀丽，被誉为“中原小江南”。

LOCAL RECORDS OF YANMINGHU

建置区划

镇名由来

雁鸣湖镇的名称来源于辖区的雁鸣湖。

雁鸣湖历史上是黄河泛滥故道，常年积水不断。1989 年在赵口总干渠镇区段北边、中东路以西开挖了一个大型沉沙池，后因泥沙沉淀，池底抬高而废弃。池内低洼处长年积水，蒲苇丛生，招引来多种珍禽。南边紧挨万亩槐林，放眼望去，白沙绿林，碧水珍禽，金稻灿灿，荷叶田田，小桥流水，鹰击鱼跃。20 世纪 90 年代末，此地得到开发。2001 年，原沉沙池被命名为雁鸣湖。

建置沿革

雁鸣湖镇区域在明、清时期为大郭保、原敦保（里）、圣水保（里）。里的建制一直沿用至民国 11 年（1922 年）改区为止。

雁鸣湖之一

雁鸣湖之二

1922年，全县划为8个区，雁鸣湖镇为第四区（东漳区），区下设村闾邻。

民国21年（1932年），村闾邻为保甲，区下设保，保有保长、保丁若干名，甲设甲长。

民国25年（1936年），镇区为东漳联保。

民国28年（1939年）1月，改为东漳镇部。

1945年春，镇区被中共原阳县划为第五区。

1948年10月，全县解放后，镇区属大孟区。

1951年12月，区政府驻地迁往东漳村，为中牟县第二区。

1955年12月21日，撤区建立东漳中心乡。

1958年成立人民公社，镇区划归黄河分社，后归万滩公社。

1961年设东漳公社，1962年2月并入大孟

民国《中牟县志》中的雁鸣湖镇

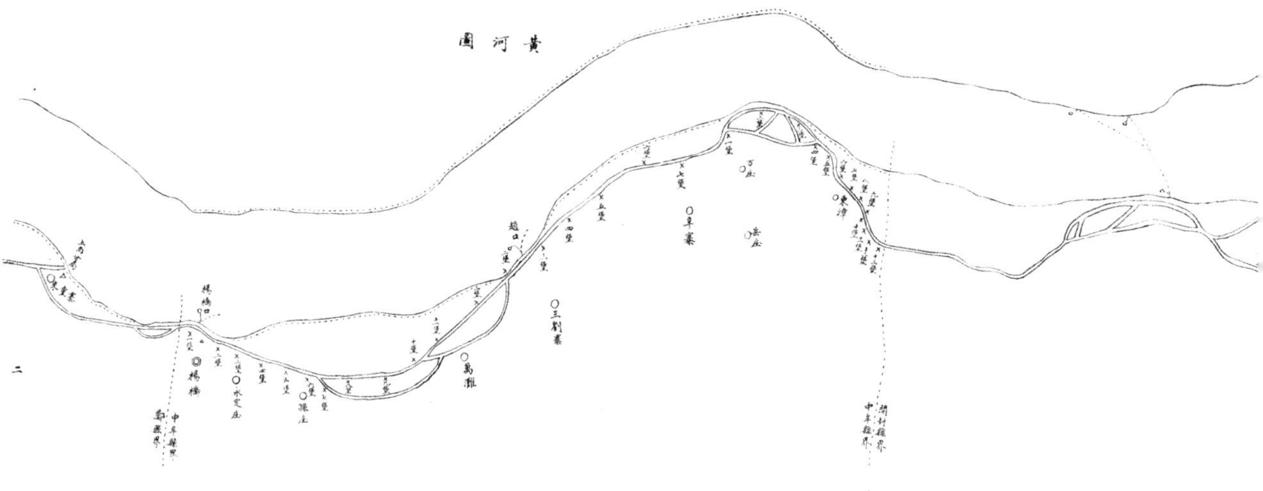

民国《中牟县志》中的雁鸣湖镇

公社，1965 年 4 月 1 日从大孟公社析出，置东漳公社。

1983 年，东漳公社改称东漳乡。

2004 年 3 月，东漳乡更名为雁鸣湖乡。

2010 年 3 月，撤乡建镇，雁鸣湖乡改称雁鸣湖镇。

辖区变迁

1950 年 4 月，镇区相继成立东漳、太平庄、辛寨、万滩 4 个小乡。

1951 年 12 月，在东漳村设立第二区，下辖 10 个小乡，其中朱固、东漳、太平庄、辛寨 4 个乡为现镇域所辖。

1955 年 12 月 21 日，东漳中心乡辖朱固、东漳、太平庄、辛寨、万滩 5 个小乡。

1965 年 4 月 1 日，置东漳公社，下辖朱固、孙拔庄（王庄）、东漳、太平庄（闫砦、司口、张满庄）、张庄、万庄（九堡、小李庄）、辛寨、关家、王庄、丁村（岳庄、小朱）、韩寨（杏街、小店）共 11 个大队，21 个自然村。1972 年，关家和王庄两个大队划归万滩公社。

1983 年，东漳乡辖孙拔庄村（王庄）、朱固村、东漳东村、东漳西村、司口村（闫砦）、太平庄村（张满庄）、张庄村、万庄村（小李庄、九堡村）、辛寨村、丁村（小朱、岳庄）、韩寨村（小店、杏街）共 11 个行政村，20 个自然村。

雁鸣湖镇区现状图

2004 年 3 月，东漳乡更名为雁鸣湖乡，原行政区划不变，辖 17 个行政村。

2010 年 3 月，雁鸣湖乡更名为雁鸣湖镇，原行政区划不变，辖 17 个行政村。

2011 年 8 月，魏岗村、穆山村从南阳市淅川县搬迁至雁鸣湖镇。

2018 年镇区辖 19 个行政村：东漳东村、东漳西村、小店村、朱固村、孙拔庄、闫砦村、司口村、太平庄村、张庄村、万庄村、九堡村、辛寨村、小朱村、岳庄村、丁村、杏街村、韩寨村、魏岗村、穆山村，21 个自然村。

所辖村庄

雁鸣湖镇域平坦，古来草密林茂，水源丰富，村庄稠密。元朝以前镇域不邻黄河，黄河大堤以北皆有村庄。如万庄村东北边的古城墙村、东漳村北边的王家寨村、原先的朱固村。元代以后黄河南徙，堤北的一些村庄淹没，朱固村迁至堤南。清朝以前小村多，大村少，多为二三百口人的村庄。

历史上由于黄河多次决口，雁鸣湖镇区域又紧邻黄河岸边，故有很多村庄被淹没而消失。如辛寨南2千米处的了舍村、董沙河村，丁村南1千米处的贺家楼村，韩寨村西南1.5千米处的庙岗村，岳庄北边0.5千米处的东小朱村，韩寨村东南1千米处的南岩村、校家岗村、刘寨村，韩寨村东南2千米处的杨新庄村，万庄村南边的小程村，万庄村东边的古城墙村，朱固村南边的谭寨村，圣水里、原敦里、大郭里、北岩保等村庄也早已消失。

2018年镇区辖东漳东村、东漳西村、小店村、朱固村、孙拔庄等19个行政村，其中魏岗村、穆山村为移民村。

东漳东村、东漳西村 东漳村位于雁鸣湖镇政府北1.5千米处，分为东漳东村、东漳西村两个行政村。

东漳东村北邻东干支渠，南邻韩寨社区。全村辖8个村民组，755户4087人，党员104人。东村水产养殖面积400亩，粮食作物面积6000亩。村民主要经济来源是种植业及外出务工收入。现老村已拆迁，村民全部入住新社区。

东漳西村位于雁鸣湖镇北部，雁鸣大道穿境而过，地理位置优越，交通便利。全村共有7个村民小组，划分为7个网格，824户3502人，党员115人。总面积10220亩，其中耕地面积7924亩，主要种植作物有小麦、玉米、花生、大蒜等。

东村 西村

东漳村成村于清朝初期。清康熙年间《中牟县志》载“东张，县北三十五里”。附近村有时家庄、大韩家庄，清嘉庆年间中河下汛在东漳置官署衙门。

东漳村原名东张村，治河官员因张字左边的“弓”字旁上下开口，有黄河多处开口之嫌，故让用水封其口，变“张”为“涨”，易名东涨村。

清咸丰年间，治河官员认为“涨”，涨水也，况有常年涨水之嫌，对治河亦不吉利，指示东漳再改村名，河督行台衙门根据《水经注》中的“漳水出焉，东流注入河”的一句古语，取“东漳”二字，定其村名至今。

清咸丰年间，武举万恒昌出巨资，带领东漳人筑起了东漳寨，人们称万恒昌为寨主。随后，他又组织建起了孔子回车庙。

清同治年间（1870 年）印制的地图上始有“东漳”二字。

多年来，东漳村居住着回族、汉族两个民族。村上闫、校、刘、杨、万、韩、冉、朱、王为大姓，其他姓氏为：李、张、陈、周、黄、赵等，共 83 个姓氏。

东漳村人多村大，和镇内其他村相比，经济收入稍有滞后。二十世纪七八十年代，经过多年的水利基本建设和引黄种稻，村民解决了温饱问题。2000 年后，村中在种植、养殖、经商等方面发展迅速，加之多项惠民政策的实施，村民生活的富裕程度大有提高。

东漳的文化教育建设起步较早。清光绪三十二年（1906 年），东漳就设有高等小学堂。如今村内有东村、西村两个小学和镇中学。

中华人民共和国成立前，南北头还办有两班玩会，逢大型节日，两班玩会对着演。东门外建有戏楼，也不断请外地戏班演唱，因村中唱戏勤，故有东漳唱戏不叫客之说。后办戏曲班，一直到 20 世纪 80 年代末期才停办。2006 年成立了村老年人协会和盘鼓队。2009 年，成立了东漳关心下一代工作委员会等公益群众组织。

1945 年 9 月 9 日，东漳解放，成立阳武县（注：1954 年，阳武、原武两县合并为原阳县）第五区。1948 年 10 月，全县彻底解放。解放初期，东漳归属大孟区，1950 年 4 月 13 日设东漳小乡。1958 年分为 5 个连队，1960—1964 年为 1 个大队，12 个生产队。1965 年 4 月东漳分为东、西两个大队，1983 年改为东村、西村两个行政村。

小店村　小店村位于雁鸣湖镇东南部，总面积 1370 亩，全村共一个村民组，107 户 497 人。村内支柱产业是大蒜、小麦和玉米种植，辅助产业为养鱼业。

小店村有 300 多年的建村史。村中姓氏较杂，多是外来户，素有“三省十八县”之称。该村在清朝时是郑汴客商必经之处，最早的一户人家在此开一小店，方便往来客人，村因此得名。

小店村

1948 年解放后属仓砦乡，1952 年划归朱固小乡，1957 年和东吴、西吴一个高级社。1958 年全村搬至岳吴庄，归属茶庵公社，1959 年搬回原址。1960 年跟韩寨一个大队，1979 年划入县国营农场，1983 年复归东漳乡管理，仍和韩寨一个大队。1994 年独立为一个行政村。

朱固村 朱固村位于雁鸣湖镇东部，距镇政府 2 千米，北邻黄河大堤，南邻中牟 · 国家农业公园，地势平坦。下辖 9 个村民小组，720 户 2968 人，有耕地 5000 余亩，人均耕地 1.7 亩左右，村民主要从事果树、大蒜、萝卜等种植。

朱固村原名为朱姑村，此名有清乾隆七年（1742 年）七月村中"重修朱相公庙碑记"为证，后村庄更名为朱固村。朱固村在东汉时就已建村，明正德县志图上标注清晰，村中以吴姓、弓姓较多。

朱固萝卜远近闻名，个大皮薄，吃起来脆甜，是中牟名特产之一。

朱固村是全县旧村改造示范村。2009 年，村委会筹资 300 万元，政府补助 300 万元，对村内 4000 多米大小街道进行了路面硬化。沿街各户的大门院墙由村里统一垒砌，高低

朱固村

一致，粉刷一新。门外少量空地用篱笆扎结，或种菜或栽花，清新整洁。厕所、猪羊圈，统一修建改造。

朱固村 2007 年被郑州市委评为“五好”村党组织，2009 年被河南省农村经济发展指导办公室评为“河南省农村经济发展百强村”，2009 年获“河南省农村经济建设工作突出贡献奖”，2010 年郑州市委被评为“五好”村党组织。

孙拔庄 孙拔庄村位于雁鸣湖镇东北部的黄河滩区，全村辖 5 个村民小组，划分 5 个网格，509 户 2334 人，耕地面积 4850 亩。村民主要经济来源是传统种植业，以大蒜、小麦为主。

孙拔庄的村名来历是，清朝乾隆年间，一位叫孙老拔的人带领全家在这里开荒种地，安家落户。后来黄、祁、耿、王姓人家陆续来到这里，逐渐形成了村庄，村名就以先来的孙老拔而命名。

孙拔庄戏曲文化氛围浓厚，1950 年就成立了村豫剧团，而且唱得出名，办得红火，培养出了全县知名的戏曲名角祁秀兰、丑角王振陆、红脸吴清林等。

孙拔庄村

解放后，孙拔庄和朱固、小店、韩寨、东西吴等村一个小乡，乡政府设在朱固村。1957 年成立高级社。1965 年和王庄一个大队。2013 年按照中牟县总体规划，将孙拔庄村合并到朱固社区。

闫砦村 闫砦村位于雁鸣湖镇镇政府北 2 千米，全村共 123 户 584 人。闫砦村是镇域内一个较小的行政村，人均耕地 1.5 亩，经济较为落后。2000 年后，种植和养殖经济都有所发展，村中铺设了水泥路，新楼房约占全村的三分之一。

该村有 200 多年的建村史，以闫姓命名。

中华人民共和国成立后，闫砦村和太平庄一个小乡，1957 年和东漳一个高级社。1965 年和太平庄一个大队，1975 年和司口一个大队，1994 年分开，独立为一个行政村。

司口村 司口村位于雁鸣湖镇北部，距镇政府约 2 千米，交通便利。全村共 3 个村民小组，305 户 1516 人，有耕地 4200 亩，主要以种植小麦、玉米及大蒜为主。

解放后，司口村跟太平庄一个小乡，1975 年从太平庄分离出来，和闫砦一个大队，1994 年和闫砦分开，独立为一个行政村。

明末清初，这里是一个渡口，一司姓人家在这里居住，后孙、陈两姓也在这里安家。因司姓最早在这里居住，渡口就冠以“司”字，称为司口。后经居住在这里的三家商议，村名就定为司口村。现村中已无司、陈两姓。

闫砦村

司口村

太平庄村

司口村非常重视教育，2009年在新校址建起了宽敞明亮的教学楼，村内铺修水泥路3800米，新建了村委大院，安装了村内路灯85盏，在黄河滩区安装变压器，架高低压线，为24眼机井全部进行了配套。

2016年底，司口村全体村民搬迁至新型社区。

太平庄村　太平庄村位于雁鸣湖镇西北2.5千米，总面积10平方千米，下辖1个自然村6个村民小组，有568户2860人。

在20世纪70年代，太平庄为全县产粮模范村，被评为全县十面红旗之一。

清朝乾隆年间，村西有个太平桥，有慕姓和闫姓人家在这里安家。慕闫两姓人家认为“太平”二字比较吉利，就以“太平”为村名。

解放初期，太平庄和司口、闫砦、丁村、岳庄、杏街等村为一个小乡，乡政府设在太平庄。

太平庄小学建校较早，1938年前就建有村小学，抗战期间小学停办，1943年恢复办学。

张庄村　张庄村位于雁鸣湖镇政府西北4千米处，紧邻黄河大堤，辖1个自然村，6个村民小组，386户1905人。村民的经济来源主要是水产养殖、莲菜种植、粮食作物种植。村内万、张、齐、宋、郤为大姓。

张庄村

中华人民共和国成立初期，张庄村和辛寨一个小乡，乡政府在辛寨。1957 年和岳庄、万庄一个高级社，社部在万庄。公社化后，和万庄一个大队，1961 年和万庄分开，独立为一个大队。

村民热爱戏曲，在 20 世纪 50 年就成立了村剧团，村民自编自演了群众喜爱的农村新风尚剧目。

张庄村小学建校较早，1943 年就建有村小学，当时有三四个班，学生 60 多人。

万庄村 万庄村位于雁鸣湖镇政府西北 6 千米处，辖万庄村、李庄村 2 个自然村，7 个村民小组，560 户 2486 人。万庄村为村级党支部，设 4 个党小组。万庄村面积 5 平方千米，耕地面积 9800 余亩，以农业种植为主，兼种植西瓜、大蒜、大葱等农副产品。

万庄在明朝后期建村，最早是万姓人家在此处建村，故以万庄命名。村上万姓和张姓为大姓。

20 世纪 70 年代以前，村里盐碱地较多。经过多年的兴修水利、引黄改土，盐碱地变成了胶泥板，植稻播麦，群众逐渐走上了致富路。特别是 2000 年后，种粮机械化程度大为提高，北地有机井，南地有河水浇灌，不怕旱、不怕涝，丰收年年有保障。

万庄办教育比较晚，1964 年以前村中学生都是到张庄小学上学。1964 年冬才办起了

年增加。80年代，县政府在村西南建起了中牟县养鱼场。联合国世界粮食计划署“2814”项目在村南公路东开挖鱼塘800亩。90年代末雁鸣湖的综合开发带来了商机，村民开餐馆、卖农家饭、拉运游客，生活条件得到提高。

进入21世纪后，由于土壤改良，水稻、玉米、小麦亩产都能达1000斤。水产养殖也发展得很快，村民养鱼、养猪、养鸡，种植瓜、蒜等，经济收入可观。

1951年，村中建立了全日制初级小学，复式班1～4年级一个班。后来杏街村、小店村学生都到韩寨学校上课，学生人数最多达330人。

韩寨村抗美援朝志愿军韩发桢荣立三等功，王远亮多次负伤并荣立三等功。

解放初期，韩寨村和朱固村一个小乡，1962年和小店、杏街、丁村一个大队，1984年分开，独立为一个行政村。

2015年，韩寨村实现整村搬迁，村民入住韩寨社区。

魏岗村 魏岗村因支持南水北调工程，于2011年8月从南阳市淅川县金河镇搬迁至雁鸣湖镇，位于镇政府南3.5千米，北邻农业公园，南邻连霍高速公路，东西与东村相邻。

魏岗村

穆山村

全村总面积1227亩，有4个村民小组，217户962人，耕地1120亩，村民收入来源主要是土地租金及务工收入。村内纵横皆是水泥路，居民户户是两层小楼。

魏岗村原籍为南阳市淅川县，村中有魏、李、王、尚4个姓，魏姓占80%。最早是魏姓人家在丘岗上建村，故名魏岗村。

穆山村 穆山村因支持南水北调工程，于2011年8月从南阳搬迁至雁鸣湖镇，位于镇政府西南6.5千米，东邻雁鸣湖景区，南邻国有林场，北邻赵口总干渠，西邻岳庄地界。穆山村共有4个村民小组，156户684人，耕地面积733亩，经济收入以土地流转和外出务工为主。

穆山村原籍为南阳市淅川县老城镇，原名刘营村，辖穆家山根、油坊口、马沟3个自然村。因淅川县有两个刘营村，为避免相互混淆，1978年改为穆山村。

新型城镇化建设 至2019年，雁鸣湖镇共建成东村社区、韩寨社区、太平庄社区、朱固社区4个社区，韩寨、东村、司口、太平庄、朱固、孙拔庄6个村庄共计约18000人已入住社区，达到镇域总人口的一半。幼儿园、小学、标准化卫生室、综合服务中心、科技文化活动中心、社区商业等完善的配套设施已覆盖每一个社区，同时，东村社区晾晒场及农机停放处也已投入使用。在社区投资引进社工服务和物业服务公司，打造了社工组织、物业公司、村民委员会、业主委员会之间“两覆盖四互动”的管理模式。

东村社区

韩寨社区

自然环境

地理位置

雁鸣湖镇位于北纬 34°51′，东经 114°04′。地处郑汴之间，西距郑州约 30 千米，东距开封约 20 千米，北依黄河大堤，南邻连霍高速公路，雁鸣大道贯穿南北，地理位置优越，交通十分便利。

地　形

雁鸣湖镇区地势西高东低，黄河大堤北高南低。黄河堤南海拔 81 米，堤北平均海拔 84 米。堤北是河漫滩，主河槽以南为嫩滩、二滩和老滩三种阶地。由于泥沙不断沉积，河床不断增高，致使嫩滩和二滩分界线不很明显，当黄河水流量达到 4500 立方米每秒时，就要漫滩，并出现塌滩现象。老滩虽比二滩高 2.5 米，但洪水流量达到 1.4 万立方米每秒时，就有漫老滩的可能。

大堤以南为黄河故道，大部分为坑洼沼泽地带，秋后长期积水，经过引黄淤灌、兴修水利，到 20 世纪 80 年代，坑洼沼泽变成了平坦的良田。赵口总干渠以南为沙丘地带。

黄河大堤之一

黄河大堤之二

气　候

气候特征

雁鸣湖镇地处黄淮平原西部，属温带大陆性季风气候。一年中受太阳直射的时间，冬至日为 9 小时 50 分，夏至日为 14 小时 32 分，相差近 5 个小时。在季风影响下，春季干燥多风，夏季炎热多雨，秋季凉爽，冬季干寒，四季分明。基本特点是光、热、水资源比较丰富，气候温和，雨热同期，有利于多种植物生长。但降水量年际变化大，季节分配不均，水、旱、风、雹等自然灾害频繁，对农业生产影响较大。

气候要素

日　照　冬至日为一年日照最低点，太阳照射时间为 9 小时 50 分；夏至日为一年日照最高点，太阳照射时间为 14 小时 32 分，冬夏昼长相差近 5 个小时，年平均日照为 2366 小时，平均日照率为 52%。一年光照时间以 4—8 月为最长。

气 温 年平均气温 14.2℃。一年中 7 月最热，月平均气温为 27.3℃；1 月最冷，月平均气温 0.2℃；1 月、7 月相差 27.1℃。7 月、8 月因阴雨天气多，夜间地面热量辐射慢，昼夜温差小。

农耕期为 309 天，一般自 2 月 13 日开始，12 月 18 日止。作物活跃生长期为 217 天，一般始于 4 月 2 日，终于 11 月 3 日，此段积温为 4655℃，可以满足农作物一年两熟或两年三熟的需要。

地 温 土壤温度的变化对农作物的播种、生长关系甚为密切。棉花、西瓜、玉米、花生等春播作物播种的适宜温度，通常为 5 厘米地温稳定通过 12℃、15℃。5 厘米地温稳定通过 12℃的平均日期为 4 月 3 日，最早在 3 月 23 日，最晚在 4 月 16 日。

历年年平均地温为 16.6℃，比年平均气温高 2.4℃，各月的变化趋势与气温相同。就季度说，一般夏季高于冬季、春季 5 厘米地温，增温迅速，对提早露地育苗或地膜覆盖栽培是有利的。

降 水 各季降水以夏季为最多，占全年降水总量的 53%，秋季占 24%，冬季占 4%，春季占 19%。

年平均降水天数为 82.3 天，最多的是 1989 年，共 130 天；最少的是 1966 年，只有 56 天。

湿 度 历年平均相对湿度为 68%，一年中湿度最大的月份是 8 月，平均为 81%；最小的月份是 1 月，平均为 61%；一日之中最大相对湿度多出现在早上，最小相对湿度多出现在下午。因此，播种以上午或早上比较合适。

风 在冬春季，东北风、西北风特别多。

大风使部分耕地遭受风蚀、压沙。解放前，大堤以北土地，一般年份有 5000 亩遭受风害，春季占 3000 多亩。每遇春季大风来临，严重影响小麦和春播作物幼苗正常生长，果树花蕾也受危害。解放后，由于大力营造林木，风沙灾害大为减少。

造成严重灾害的还有轻型和重型干热风。轻型干热风威胁着小麦受粉、灌浆，重型干热风促使小麦提前死亡，造成严重减产。多年来镇区内开展植树造林、引黄淤灌、扩大水浇地面积、改善条件等科技措施，大大减少了干热风的危害。

霜 期 据中牟县 1958—2011 年的气象记录，镇区年平均无霜期为 212 天，最长（1977 年）为 261 天，最短（1958 年）为 192 天，并具有初霜早、终霜晚的特点。平均初霜日在 10 月 29 日，最早在 1981 年 10 月 10 日，最晚在 1966 年 11 月 19 日。平均终霜日在 3 月 29 日，最早在 1977 年 2 月 19 日，最晚在 1980 年 4 月 14 日。

河 流

黄 河 黄河自万滩镇三刘寨村北流入镇区辛寨村西北，经孙拔庄村北流入狼城岗镇南仁村北。黄河大堤西至辛寨村西 46 千米桩号处，东至朱固村东和狼城岗镇段相接，全长 16 千米，九堡为险工段，设有九堡控导工程、太平庄防洪坝，镇区有护堤坝垛 84 道。堤北黄河上下滩地覆盖镇内 13 个自然村约 3 万亩土地。

雁鸣湖镇区的百姓祖祖辈辈生活在黄河岸边。千百年来，黄河十年九患，尤以中、下游不断泛滥决堤，造成不计其数的灾害，无数生命财产受到威胁和重大损失。中华人民共和国成立后，党和人民政府高度重视治理黄河工作，逐年加大除害兴利力度。特别是引黄淤灌和改革开放后，黄河给镇区带来了丰收，黄河促进了镇区经济的发展，黄河彻底改变了镇区的面貌。

为利用黄河资源，雁鸣湖镇开发了引黄淤灌、雁鸣湖生态风景区等项目。

引黄淤灌。为根治黄河灾患，上级水利部门在黄河大堤中牟段兴建三处引黄涵闸，其中辛寨村西边的三刘寨 3 孔引黄闸建于 1966 年，并于当年放水。镇区为引黄改土，1966—1975 年，开挖的灌渠有丁村支渠（1966 年）、东干渠（1966 年）、赵口总干渠（1975 年），排水河有运粮河（1965 年）、丁村沟（1973 年）等排灌河道。自 20 世纪 60 年代末期开始引黄种稻，至 1980 年，黄河大堤以南的 5 万多亩盐碱卤地，全部淤灌成了年稻麦两熟的胶泥板地。1981 年实行生产责任制后，家家稻麦丰收（亩产小麦 500 斤以上、稻子 800 斤以上）。

小麦种植

水稻种植

开发雁鸣湖生态风景区。雁鸣湖所在地原为黄河故道上的一片湿地，因为引黄淤灌的需要，1989 年又在镇区赵口总干渠北侧的故道湿地上建造起一个周长 11 千米的沉沙池。沉沙池废弃后，留下部分水面，1999 年经县政府组织开发，2001 年正式定名为雁鸣湖，并开始接待游客。后经扩挖、深挖，黄河水可随时向湖内输送活水，保证了湖内的正常水面。

运粮河 运粮河是黄河旧河道，源于万庄村南，沿黄河大堤流向东南，至瓦坡村南出境，全长 68.9 千米，流域面积 186.57 平方千米。雁鸣湖镇境内河长 9 千米，汇入支流有丁村沟（属运粮河支渠）等。

此河流经黄河南泛道，多为盐碱沙荒地带，地势低洼，又受黄河侧渗影响，地下水位一般在 0.5 ~ 1 米，水源较丰。1946 年，曾开挖疏通；1965 年，解放军某部在东漳以南开荒生产时再次开挖疏通。1972 年，对运粮河源头至开封扇车李村段按 5 年一遇除涝标准进行治理。二十世纪八九十年代运粮河曾进行清淤治理，现为镇区内最大的一条排水河。

运粮河

丁村沟 丁村沟源于小朱村西地，流经朱固村东南入运粮河。全长 13.6 千米，1972 年开挖，后又经数次开挖治理。

物 产

植 物

粮食作物 主要有小麦、大麦、荞麦、玉米、水稻、红薯、大豆、高粱、谷子、黍子、稷子、绿豆、豇豆、豌豆、扁豆、黑豆、小豆等。

经济作物 主要有棉花、花生、芝麻、油菜、蓖麻、向日葵、西瓜、甜瓜等。

小麦

蔬 菜 原有的蔬菜有白菜、白萝卜、胡萝卜、银条、大葱、大蒜、韭菜、菠菜、莴笋、芹菜、茄子、辣椒、黄瓜、南瓜、冬瓜、笋瓜、菜瓜、酥瓜、葫芦、长豆角、梅豆、蚕豆、芋头、山药、洋姜、莲菜、芫荽、荆芥等。

中华人民共和国成立后陆续引进四季豆、洋葱、甜椒、卷心菜、西红柿等。

林 木

经济林 主要有大枣、苹果、梨、桃、杏、柿、核桃、葡萄、石榴、李子、花红、樱桃、桑树等。

用材林 主要有刺槐、泡桐、毛白杨、沙兰杨、大关杨、小叶杨、箭杆杨、榆、槐、椿、楝、柳、柏等。

芳香类 主要有花椒、小茴香、薄荷等。

纤维编织类 主要有柳条、紫穗槐、红荆、芦苇、蒲草等。

药用类 主要有香附子、木瓜、瓜蒌、红花、地黄、牛膝、芍药、白术、金银花、紫菀、苍耳、元参、蒲公英、牵牛子、艾、茵陈、白茅根、麻黄、酸枣、车前子、槐米、杏仁、桃仁、柏仁、薄荷、荆芥、马齿苋、青蒿、白蒺藜、莲子等。

菌 类 主要有蘑菇、马勃、地耳等。

花　卉　主要有月季、刺梅、冬青、菊花、仙人掌、吊兰、文竹、一串红、百日红、鸡冠花、玻璃翠、夜来香、迎春花、凤仙花、水仙花、牵牛花、君子兰、蝴蝶花、美人蕉等。

草　类　主要有芦草、小苜蓿、莠草、茅叶草、莎草、狗狗秧、红叶草、三棱草、猪毛尾菜、麦荠菜、面条棵、灰灰菜、白蒿、燕麦、猫眼、爬墙虎、稗草、星星草、蒲草、老饭蛋、扫帚苗、节节草、浮萍、箭古、苣菜等。

动　物

家　畜　主要有牛、驴、马、骡、猪、羊、狗、猫、家兔。

野生动物　主要有狐狸、獾、黄鼠狼、野兔、刺猬等。

家　禽　主要有鸡、鸭、鹅、家鸽等。

飞　禽　主要有啄木鸟、猫头鹰、乌鸦、喜鹊、麻雀、鹌鹑、布谷鸟、杜鹃、燕子、鹰、鹞、水鸭、大雁、灰雁、孔雀、野鸡、白鹭、白天鹅等。

两栖和爬行动物　主要有青蛙、蟾蜍、鳖、蛇、壁虎、蜥蜴等。

鱼　类　主要有鲤鱼、草鱼、鲫鱼、鳝鱼、鲇鱼、鲢鱼、泥鳅等。

软体动物　主要有河蚌、蜗牛、田螺等。

昆　虫　主要有桑蚕、蓖麻蚕、瓢虫、蝴蝶、蜜蜂、赤眼蜂、寄生蜂、蝗虫、蚱蜢、蚊、蝇、蝉等。

人口民族

人口总量

1982 年第三次全国人口普查，全镇人口总数是 17680 人。

1990 年第四次全国人口普查，全镇人口总数是 21229 人，其中男性 10747 人，女性 10482 人。

2000 年第五次全国人口普查，全镇人口总数是 23664 人，比 1990 年“四普”时增加 2435 人，增长率为 11.2%。“四普”时全镇人口占全县人口比重为 3.54%，“五普”时全镇人口占全县人口比重是 3.52%。“四普”时每平方千米人口密度为 220 人，比 1982 年“三普”时每平方千米增加 37.4 人。“五普”时每平方千米人口密度为 245.3 人，比 1990 年“四普”时每平方千米增加 25.3 人，比 1982 年“三普”时每平方千米增加 63.1 人。

2010年第六次全国人口普查时，因镇区人口外出务工较多，常住人口减少，镇内常住人口仅有23428人，其中男性12139人，女性11289人，每平方千米人口密度为245人，和“五普”时基本持平。

2011年，全镇实有户籍人口26641人，其中男性13839人，女性12802人。

至2019年，全镇实有人口3.3万人。

源流迁徙

商周时期，辖区多为沼泽地带，居住人口稀少。汉晋以后人口逐渐增多。

唐宋时期，社会相对较稳定，辖区内有多个姓氏的居民在此生息繁衍，人口不断增加。

元朝末年，战争频繁，加之灾害频生，人口锐减，居民十不存一。

明代有山西移民来到辖区，加之外迁户逐渐返回，人口逐渐增加。到明朝中后期，村庄已发展到10个，至清朝中期已有20多个村庄。由于黄河多次决口，不少村庄被淹没，至中华人民共和国成立，存有19个自然村。

民族构成

元朝以前，镇区内大部分为汉族居民。明、清时期，开始有回族群众迁至杏街、东漳等集镇经商定居。改革开放后，由于交通便利，镇区一些青年男子和外省外地少数民族女青年相恋结婚，区域内增加了多个少数民族成分。据2010年第六次人口普查统计，镇区内有回族、蒙古族、藏族、苗族、彝族等少数民族。2018年，镇区内有回族、蒙古族、藏族、苗族、彝族、壮族、傣族等少数民族，形成了多个民族和睦相处、共同发展的局面。

姓氏组成

镇区居民姓氏众多，有闫、校、刘、杨、万、韩、冉、朱、王、李、张、陈、周、黄、赵、吴、孙、徐、郭、马、高、何、宋、谢、任、唐、曹、冯、董、吕、许、程、姚、田、蔡、杜、蒋、丁、毛、贾、金、钱、邱、雷、谭、崔、孟、白、贺、武、安、常、伊、齐、霍、翟、樊、辛、申、尚、岳、尤、晏、祁、褚、甄、国、都、边、娄、古、沙、薄、禹、堵、和、时、石、鲁、赫、苏、梁、柳等。

社会发展

科技科普

1990 年后，各村成立农民技术学校，聘请种子站、农业技术推广站、学校等单位的人员为教师，讲授农业科技、养殖技术等知识。

1994 年，乡政府在东漳村建起“乡成人教育中心学校”。省、市专家为各村村干部、水产养殖户、畜牧养殖户培训种植和养殖技术。

2006—2010 年，辖区连续 5 年举办巾帼科技星火工程培训，聘请专家教授对全镇青年妇女定期进行种植、养殖的技术传授，举办婚姻家庭、健康保健等知识技术讲座。

水产养殖 李明 摄

中牟·国家农业公园青少年农业科普之一　王辉　摄

中牟·国家农业公园青少年农业科普之二

2010 年，对全镇水产养殖户 2000 户进行专题培训，促进水产养殖管理水平显著提升。

2011 年，中牟·国家农业公园启动以来，开展室内科普教育和室外拓展训练，将农业科普项目融入中小学生的校外课堂，平均每天接待 1200 人次，先后获得“全国青少年农业科普示范基地”“全国科普教育基地”“郑州市科普教育基地”等称号。

2014 年，加大农业新技术、新机具、新品种的推广应用，提高农业科技化水平。整合教育资源，提升农民技能。

学校教育

1950 年，辖区设有东漳完小和朱固村初小、孙拔庄初小、太平庄初小、张庄初小、辛寨初小、司口复式初小、丁村复式初小、韩寨复式初小等学校。

1958 年，辖区建立托儿所、幼儿园。当时雁鸣湖镇区有幼儿园 6 所，幼儿 500 多名。

1964—1969 年，万庄村设初小，太平庄、辛寨、朱固村、孙拔庄、张庄、万庄先后设高小。

1970 年，全公社共有 10 所完小，分别是：朱固完小、孙拔庄完小、东村完小、西村完小、东漳完小、太平庄完小、张庄完小、万庄完小、辛寨完小、韩寨完小。

1978 年，辖区有 8 个大队设立育红班，入班幼儿 240 人。

1978 年，设立戴帽初中的有朱固、孙拔庄、东漳东村、东漳西村、太平庄、张庄、万庄、辛寨、韩寨 9 个村学校。1983—1990 年，全乡戴帽初中全部被撤掉。

1978年，设立戴帽高中的有太平庄学校、辛寨学校，均属村办。1983年全部撤销。

1980年，育红班改为学前班，归村小学领导，有430名儿童入班。

1983年，公社改制为乡，原各村小学归东漳乡领导。

1993年，中牟八中更名为东漳乡中心中学。

1996年，东漳乡中心中学更名为东漳乡第一初级中学。

1996年，在原乡纸盒厂院内新建教学楼一栋，开设东漳第二初级中学。东漳二中初设招收两个班，学生100人，教师12人。2004年学校发展为10个班，学生480人，教师40人。

2007年，东漳一中迁出老校址，和二中合并，名为雁鸣湖乡初级中学。

2008年，雁鸣湖镇投入教育资金78万余元，中小学办学条件得到进一步改善：新建乡中心中学餐厅一座，新建乡中心幼儿园一所；对全乡小学校园进行绿化、美化、硬化。

2009年，雁鸣湖镇共投入教育资金20万余元，维修乡中心中学的操场和教学楼，购买餐桌餐椅；投入资金50万元建设司口小学；对全镇小学校园进行绿化、美化、硬化。巩固“两基”（基本普及九年义务教育、基本扫除青壮年文盲）成果，推进均衡义务教育，加大初中段管理水平；提升全民素质，丰富群众文化生活。

朱固社区小学

2010年，雁鸣湖镇投入资金32万元，对初中教学楼、操场、排水设施升级改造，对部分学校校园硬化、绿化、美化；改革课堂教学方法，提高教学质量；投入资金4万余元，为全镇中小学校安装校园监控，并配备安保器械。配套建设758.76平方米小学1所；为青少年上法制课10场次，直接受到教育的师生达800余人。

2011年，新建3所小学、1所中心幼儿园，购进校车1辆。全镇有学前班12个，教师12人，幼儿456人。公立幼儿园1所，名为雁鸣湖中心幼儿园，幼儿260人，教师16名。

2011年，全镇有初级中学1所、小学18所，其中10所成建制小学（1 ~ 6年级），分别是镇中心小学、东漳东村小学、朱固小学、孙拔庄小学、太平庄小学、张庄小学、万庄小学、辛寨小学、穆山小学、魏岗小学；有教学点（1 ~ 3年级或4年级等）8所，分别是韩寨小学、杏街小学、岳庄小学、小朱小学、九堡小学、小店小学、丁村小学、司口

太平庄社区小学泥塑课

西村小学书法进校园

小学。学前班 12 个，均设在各小学院内，受所在小学的统一领导。公立幼儿园 1 所。全镇有专职教师 179 人。

2013 年，全镇 5 所学校通过市县级教育现代化学校、校园文化示范校及市县级文明学校的验收；镇中学 57 人被县高级中学录取，其中一高 17 人、二高 24 人、四高 16 人。投资 360 万元，建设镇区、朱固幼儿园 2 所。

2014 年，投资 500 余万元新建社区幼儿园 2 所。

2015 年，投资 230 万元新建穆山幼儿园 1 所，投资 480 万新建朱固小学 1 所；筹资 100 万元设立“先进办学奖”和“优秀教学奖”，对考上大学的 36 名贫困学子奖补 8.7 万元。

2016 年，投资 96 万元对全镇 4 个幼儿园进行改造，投资 334 万元规范提升镇中学和小学；对考上大学的 49 名贫困学生给予生活补助 10.8 万元。

2017 年以来，太平庄社区小学、朱固社区小学、镇区小学相继建成投入使用。2017 年秋，太平庄社区小学完成丁村小学、司口小学的合并，2019 年春，又完成张庄学校的合并工作；2017 年秋，朱固社区小学完成孙拔庄小学的合并工作；2019 年春，镇区小学完成杏街学校的合并工作。

2019 年，雁鸣湖镇有中学 1 所，在校生 750 人，14 个教学班，教职工 61 人。小学 8 所，分别是朱固社区小学、镇区小学、中心小学、太平庄社区小学、万庄小学、辛寨小学和穆

东村社区幼儿园

山、魏岗两个移民小学，在校生共计2564人，76个教学班，教职工191人。幼儿园6所，分别是中心幼儿园、朱固社区幼儿园、太平庄社区幼儿园、穆山幼儿园、东区社区幼儿园、朱固村幼儿园，全镇在园幼儿共计1251名，34个教学班，教职工123名。

医疗卫生

2008年，投资120万元购置医疗器械和急救车1辆，成立雁鸣湖中心急救站。

2009年，投资80万元建起镇卫生院急诊楼，投入40多万元引进彩超等先进医疗器械。

2010年，投资35万元新建4个标准化卫生所，其中市级2所，县级2所。

2011年，投资680万元新建镇中心卫生院。

2012年，完成新农合筹资工作，2012年门诊住院报销248万元，卫生所农合报销资金74万元；开展为全镇60岁以上老人体检工作，建立全镇居民健康档案。实行镇村两级药品统一采购及基本药物零差价销售。

雁鸣湖镇中心卫生院

2013年，投资10余万元为镇中心卫生院开设中医科；开展各项公共卫生服务工作；对全镇育龄妇女、儿童以及60岁以上老人进行免费健康体检，体检人数达3600人次。

2014年，投资200余万元新建社区卫生服务中心1所；对全镇育龄妇女、儿童以及60岁以上老年人进行免费健康体检。推进养老、医疗、工伤、生育、失业保险“五险合一”工作。

2015—2018年，对全镇群众进行入村上门免费健康体检。

雁鸣湖镇中心卫生院 雁鸣湖镇中心卫生院始建于1965年，前身为东漳乡中心卫生院，因黄河大堤加宽、中东公路道路拓宽等原因，医院曾4次搬迁。

2016年5月，雁鸣湖镇中心卫生院迁址到雁鸣湖镇月明路与伴月北路交叉口西南角，2017年5月投入使用。卫生院占地面积20余亩，建筑面积11155.49平方米，开放床位108张，担负着全镇居民的预防保健，常见病、多发病的治疗和护理，初级卫生保健，公共卫生，急诊急救等工作，现有救护车3辆，是郑州市120急救中心中牟分中心雁鸣湖急救站。

镇卫生院现有职工85人，其中副主任医师1人、主治医师5名、执业医师14名、执业助理医师11名、主管护师2名、护师6名、执业护士14名、西药师3名、中药师2名，其他卫生技术人员27人。目前开设科室有全科医疗科、内科、外科、妇产科、中医科、儿科、骨科、口腔科；拥有多种大型医疗设备，如40排40层螺旋CT、DR、彩超、C形臂X光机、多功能生化分析仪、全自动血液分析仪、骨密度检测仪等医疗设备；病房、急诊室、产房、手术室及治疗室急救设备齐全，主要医疗设备有心电监护仪、麻醉呼吸机、全自动洗胃机、综合治疗台、颈腰椎牵引床、中药煎药机等50余台件。

雁鸣湖镇中心卫生院开展社区义诊活动

群众文化

1941年，东漳村在村东门外路南建了一座戏楼，砖木结构。前台演出，后台两间房，供演员化妆休息。

20世纪50年代初期，广播开始进入辖区。1956年，辖区各行政村都安装了广播。东漳、孙拔庄、张庄等村成立了豫剧团，不少村成立了舞狮队、秧歌队、盘鼓队等。

1971年，东漳公社建立广播放大站，各行政村都安有高音大喇叭。

十一届三中全会后，随着人民生活水平的提高，收音机逐渐普及。随后电视机、录像机、投影仪陆续进入百姓家庭。

1980年，东漳公社建立文化站。

1982年，东村建成一座影剧院，占地4700平方米，建筑面积665平方米，钢筋水泥结构，县剧团曾多次在此演出。

1983年，县电影公司在东漳设电影代管站。

2000年前后，电视机进一步普及，大部分家庭都换上了彩电，个别家庭还有了全套的“家庭影院”。

2009年，全镇新建文化中心1个，新建文化大院6个。

2010年，全镇新建5个文化大院，新组建盘鼓队8个、秧歌队2个。

2011年，全镇新建4个文化大院，新组建盘鼓队5个。

2012年，完善文化大院19个、盘鼓队19个。共协助县剧团到镇演出2场，镇送戏到村5场，协调县电影公司为群众放映电影20余场；协调有关单位为基层送书2000余册，丰富基层乡镇、村组群众的文化生活。

2013年，雁鸣湖镇建立文化公共服务平台，配备5000余本图书及电脑等设备，建立朱固村文化活动室；协助县剧团到镇演出2场，送电影下乡26场。

2014年，投资20余万元建立全县首个镇级广播站，利用广播做好政策法规、文化生活等宣传。成立文艺队伍19支，春节和元宵节开展盘鼓大赛、广场舞等文艺汇演活动。

2017年，雁鸣湖镇组织举办“魅力女性、快乐巾帼”文艺汇演活动，各村、各社区13支表演队共200多名表演者参加。雁鸣湖镇以“我们的节日”为主题，开展迎“国庆·中秋”暨“双优”“双带”百姓文艺大联盟汇演活动。

2018年，在领头雁广场组织举行“我们的中国梦·雁鸣湖镇·浓情2018”元宵节文艺汇演活动。雁鸣湖镇各行政村、各社区 18 支文艺队伍，共 300 多名表演者参与汇演。

社会保障

20 世纪 80 年代以前，辖区主要以发放救济粮、生活救济金、棉衣棉被等形式救助救济对象，定期或临时对孤寡老人、困难户进行救济，并积极组织开展辅助或指导生产活动。

20 世纪 80 年代后，辖区困难户逐渐减少，镇里除按时足额发放上级拨发的救济物资外，每年元旦、春节前走访慰问救济户。

1983 年后，需临时救济的村民，经本人提出申请后，由村委会审查，报乡民政所审核合格后发放一定资金给予救济。

2008 年，慰问困难家庭 142 户。共发放五保供养款 18.4 万元，农村低保款 40 万余元，救灾款 5000 元，救济棉被 102 条、棉衣 72 件，救灾面粉 10850 斤，帮助群众重建和改造塌房和危房。

2009 年，共发放五保供养款 12 万余元，发放农村低保款 29 万余元，发放救灾款 15000 元、救灾物资 1000 余份。救助困难群众 205 户，救助金额 4 万元。

雁鸣湖镇便民服务中心

2010 年，发放五保供养款 17.7 万余元，特困特殊人补助款 5 万余元。发放救灾款 1.5 万元，救灾物品 400 多件，救灾面粉 2.5 万斤，助学金 1.5 万元，医疗救助款 2 万余元。救济困难家庭 240 户 728 人，免费为 39 位孤寡老人提供居家养老服务。

2011 年，为 5 名“三无”残疾人申请每月 300 元的生活补助，为 12 名无生活能力的残疾人申请“阳光托养”补助，为 20 人申请大病救助。

2012 年，慰问贫困户 408 户，发放慰问金 3.5 万元。为 32 人申请大病救助，为 15 人申请慈善救助，共募集慈善捐款 1 万余元。为 10 名残疾人申请居家托养服务补贴，每人每年 1000 元。发放五保户供养款 27.36 万元，发放救灾款 8200 元，救灾棉衣、棉被 200 余套，面粉 12000 斤。建温暖工程房 5 所，发放塌房重建款 5.4 万元，发放孤儿救助金 2.34 万元。

2013 年，发放救灾款和各类救济款、慰问金 4.8 万余元，慰问贫困户 385 户。发放孤儿救助金、五保金、老党员补助金 16.2 万元。为全镇 614 户低保户发放低保金 79.38 万元。春节期间慰问困难群众 385 户，发放慰问金、慰问品价值 1.9 万余元。

2014 年，医疗救助 6 人，救助金额 1.9 万元。春节期间慰问困难群众 385 户，发放慰问金、慰问品价值 1.9 万余元。全年完成危房改造 25 户。开展农民就业培训 6 期 700 人次，实现劳动力转移就业 1322 人次。

2015 年，筹资 150 万元设立慈善基金，建立“特困群众、优秀学子、孤寡老人”三类“帮扶档案”，拨付 30 万余元帮扶、救助 247 名辖区群众，全年共发放各类慰问款项 95 万元，改造危房 48 户。开展新型农民培训、妇女就业培训，全年共组织各类培训 10 期 1300 余人次，转移就业 1557 人。

2016 年，春节慰问 1179 户，发放慰问金、慰问品价值 53 万余元。医疗救助 18 人，救助金额 7.6 万元。开展新型农民培训、妇女就业培训共 8 期 1200 余人次，转移就业 1350 人。

2017 年，春节慰问 1195 户，发放慰问金、慰问品价值 53 万余元。慈善募捐 109 万余元。医疗救助 7 人，救助金额 3.5 万元。建立“政府—企业—社会”用工平台，开展新型农民工技能培训 3 期，培训就业群众 167 人，完成农转任务 1100 人，技能培训 585 人，就业、再就业 95 人。

2018 年，慈善募捐 128 万余元。大病救助 233 人，救助金额 291 万余元。春节慰问 1418 户，发放慰问金、慰问品价值 60 余万元。全面实施大病救助镇级财政二次报销政策，将群众大病医疗支出控制到 15% 以内，受助人员共计 163 人次，受助资金达 205.7 万元。出台公益性岗位实施意见，解决贫困人群就业 35 人，促进特困群体增收约 16 万元；坚持 60 岁以上党员生活补贴、70 岁以上老人高龄补助政策，全年补贴金额约 327.8 万元；开展新型农民工技能培训 5 期，培训就业群众 506 人，完成农村劳动力转移 1057 人，城镇非农业人口就业 51 人。

居民生活

衣 中华人民共和国成立前，辖区群众衣服以土棉布（纺花车纺线，木制织布机织的布）为主，蓝黑色居多。冬季男性村民上穿短棉袄，下穿大腰棉裤，少数富人穿长衫、马褂。脚穿圆口布鞋，粗布袜子。妇女衣服黑蓝居多，面料为本地染坊染的蓝印花布，上衣款式左边襟大，右襟小，下身也是大腰棉裤。严寒冬天，不少男孩都是刷筒棉袄（棉袄贴身不套衣服）。

中华人民共和国成立后，斜纹布、洋布多了起来，样式也随时代变化提升。二十世纪五六十年代粗布、洋布相混，男人以戴军帽、鸭舌帽，围围巾，穿中山装、列宁装、干部服为荣，脚穿方口、圆口鞋，衣服多为蓝色、黑色、绿色、灰色。女人上穿绿、蓝、红、灰带小花短衣，下穿偏口裤。70 年代后老粗布逐渐减少，化学纤维涤良、涤卡、涤纶布颇为盛行。80 年代后衣物式样增多，颜色各异，年轻男性爱穿西装、夹克，牛仔服、喇叭裤也曾流行一时；中老年男性多穿中山装、干部服。年轻女性夏穿花色上衣，下穿裙子和长筒袜，脚穿高跟鞋、半高跟鞋；冬上穿鸭绒袄、棉袄等，下穿深色裤，少数人戴耳环、戒指、项链。

进入 21 世纪，雁鸣湖镇居民衣着越来越讲究，款式、面料、质地档次不断提高，衣着品种越来越多，从一衣多季到一季多衣，从购买单一的御寒、保暖衣着，到购买适应不同环境的工作装、礼仪装、居家装、休闲装、运动装，审美追求时尚靓丽。

食 中华人民共和国成立前，辖区村民的饮食为每天早、中、晚三餐，普通人家忙时三顿饭，闲时两顿。主食一般是黑馍（高粱豆子混合面），稀饭、糊涂（稀饭为小米粥，糊涂为高粱面汤），面条为麦面或绿豆面。粮食、菜多为自家所种，面粉为石磨所磨，谷子多的用石碾碾，少的用石臼舂。菜多是萝卜、白菜、咸菜、瓜豆，肉、油都吃得很少。盐碱都是自己扫点盐碱土，不会做的买些小盐、土碱吃。

中华人民共和国成立后，辖区村民的生活条件逐步提高。改革开放后，人们的生活更好了，大米白面长年不断，各种蔬菜、水果四季常有。2000年后，雁鸣湖镇居民饮食极大丰富，细米白面、反季节蔬菜、各种肉食走上百姓餐桌，吃好已成为普遍现象。至2018年，食品消费日益丰富，居民注重膳食均衡搭配，肉禽蛋、水产品、蔬菜、干鲜瓜果和鲜奶不断增加，饮食科学、健康。

住 20世纪70年代前，辖区群众生活住的是茅草屋、土堆房、瓦房。草房大多是土堆墙或土坯墙，也有用砖垒上五六层，进行砖包四角、砖垒梁垛等，用木质梁檩椽作房顶支架，高粱秆或芦草织成箔盖上房顶，外边缮上麦秸或茅叶草或芦草。

改革开放后，镇内村容村貌都有了显著改变。20世纪80年代，辖区住房由砖木结构向砖混（混凝土）结构过渡，开始盖预制板平房。至1990年，约有80%村民住上瓦房。瓦房用小蓝瓦盖顶，用砖砌墙，部分是里生外熟墙，也有用砖垒上七八层房基，包上四角，垒上梁垛。90年代初期，已有农民盖起了“一头沉”，即下边四间，上边一间。后来又有新样式“一肩挑”，即下边四间，上边两头各建一间，下边住人，上边放粮食和农具。

进入21世纪，辖区住宅与城市楼房结构一致。运用新技术、新工艺，外贴瓷片、内部涂料粉刷吊顶，地板砖铺地。房屋内部由单一的堂屋、厢房，演变成为多功能套房，由单一的居住功能演变为卧室、客厅、书房、厨房、平台、阳台俱全的复合居住环境。

至2018年，东村、韩寨、太平庄、司口、朱固、孙拔庄已经搬入新型社区，有物业公司接管服务，过起市民生活。

韩寨社区住宅楼

东村社区道路

行 20世纪70年代以前，辖区村民出门大多数靠步行，70年代后开始以自行车代步，80年代自行车普及。90年代，各行政村都修上了柏油路，年轻人开始骑上摩托车。进入21世纪，居民拥有三轮车、电动车、小汽车。党的十八大以来，居民出行更加方便，小轿车已经进入寻常百姓家，远行还可以选择公交、高铁、飞机等多种交通工具，方便、快捷。

精神文明创建

20世纪90年代初，雁鸣湖镇开始创建文明乡（镇）村活动，教育广大群众遵纪守法、尊老爱幼，崇尚科学、破除迷信，移风易俗、新事新办，勤俭节约、反对浪费，争当新时期的新型农民。

20世纪90年代末，雁鸣湖镇开展政策、法律、文化、卫生、科技“五进村”活动，普及政策法律、科技知识，活跃村民精神文化生活。

1998年，雁鸣湖镇根据中牟县委下发的《关于在全县开展争创“十带头模范”“双文明户”“双文明示范村”活动的意见》，加大精神文明创建力度，提高农民素质。抓好农村思想文化建设，提高农民的文化素质和科学生产水平。加强法制宣传教育和社会治安综合治理。开展改水、改厕工作。各村恢复或成立红白事理事会，倡导喜事新办、丧事从简。

2016年，雁鸣湖镇成立镇、村两级志愿服务队22个，开展志愿者服务活动。

学雷锋志愿服务活动

2017 年，全镇组织评选出“文明家庭”20 个，“好婆婆”“好媳妇”各 39 名，“道德模范”6 名，“身边好人”6 名。

2018 年春节期间，雁鸣湖镇组织书画协会会员在雁鸣湖镇世纪广场开展“挥春，大美雁鸣湖”义写春联活动。组织雁鸣湖镇书画协会书法爱好者与东村小学师生共同举办“书法进校园”活动。组织志愿者到沙窝、蟹岛等旅游景点开展以“文明旅游，你是最美的风景”为主题的文明旅游志愿服务活动。

乡镇建设

规划布局

镇村体系规划 规划三级体系结构，即“新市镇”“新型农村社区”和“一般村”。“新市镇”包括雁鸣湖生态示范区、雁鸣湖新市镇区以及中牟·国家农业公园三大板块，是全镇的政治、经济、文化和教育中心。“新型农村社区”通过合村并点的方式集中建设，规划朱固村新型农村社区。

中牟县雁鸣湖镇总体规划
THE MASTER PLAN FOR YANMING-LAKE TOWN OF ZHONGMU CITY
镇域综合交通规划图
河
黄
图 例
高速公路、国道
省道
镇域交通主干道
镇域其他道路
长途汽车站
停车场
镇区界线
镇域界线
海口市城市规划设计研究院杭州分院 雁鸣湖镇人民政府

镇域综合交通规划图

根据规划要求，截至2019年，雁鸣湖镇区不断强化其作为全镇政治、经济、文化中心的作用，完善镇区在镇村体系中的功能，逐渐成为县域北部的服务中心；朱固村新型农村社区已经交房入住；穆山和魏岗两个移民村也已经完成建设。

同时，辖区新建小学3所，分别为太平庄小学、镇区小学和朱固社区小学；新建初中1所，为雁鸣湖中学。另外新建卫生院1处、养老中心1处。

道路建设规划 规划道路系统由主干路、干路、支路三级组成，其中主干路构成了镇区骨架性干路网，主要承担与周边高等级公路的联系功能。

规划主干路形成“三横两纵”的镇区框架道路结构。“三横”由北向南依次是：雁月大道、新月路和赵口总干渠路。截至2019年，雁月大道、新月路已经建成，赵口总干渠路正在施工中。

运粮河滨水景观绿化带

“两纵”指雁鸣大道和星辰路。截至 2019 年，两条道路均已建成通车。其中雁鸣大道为镇区南北向交通性主干路，与生态文明示范区、中牟·国家农业公园以及中牟县城联系。星辰路为镇区西侧南北向生活性主干路，与生态文明示范区景观大道相连。

根据规划要求，截至 2019 年，已经建成的次干路包括月明路—归月东路、蝴蝶兰路、春晖路、高尔夫路、伴月路、东漳路—纬四路和中牟·国家农业公园 U 形环路等。支路已经修成韩寨路、东村路、桂花路等。

规划在运粮河水系两侧绿带、公园、广场、沿路绿带内设置宽 1 ~ 3 米的步行道，形成网状，与镇区各旅游景点、开敞空间联系成为整体，形成景观内容丰富的慢行系统。

绿地系统规划 根据规划要求，目标定位于以滨水景观带为中心，兼顾服务于旅游观光和城镇生活的高品质、结构清晰的绿地景观系统。截至 2019 年，已基本建成中牟·国家农业公园的生态型农业景观绿地，以雁月湖、雁鸣湖为中心的景观绿地；基本建成沿运粮河、赵口总干渠滨水景观绿化带；新建成一个镇级公园——雁月湖公园。

规划广场用地 18.27 万平方米。截至 2019 年，已建成太平广场、韩寨广场、领头雁广场和休闲景观广场。

公用工程设施规划 截至 2019 年，规划位于太平路西北侧、雁鸣湖北侧的一座自来水厂已经建成。同时规划生态文明示范区东部、沿黄大道北侧的一座污水处理厂也已经建成，日处理规模 5.0 万吨，占地面积 5.76 万平方米，处理深度为二级生化处理。污水经处理，出水达《城镇污水处理厂污染物排放标准》（GB 18918—2002）一级标准的 A 标准后，尾水排入赵口总干渠。

根据规划要求，正在建设 110kV 变电所，位于正商路与经十六路交叉口东南角，之前的 35kV 东漳变电所仍然在用。

环卫设施规划 截至 2019 年，规划中的万庄、朱固社区分别设置的 1 座小型垃圾转运站已经建成，负责社区内及周边农村居民点垃圾转运。另外，辖区内规划的 1 座中型垃圾转运站，占地面积 4500 平方米，2019 年正在建设中。

规划中要求，公共厕所的服务半径根据地段和人口而定，繁华街道以为 300 ~ 500 米为半径，一般街道以 750 ~ 1000 米为半径，新建居民区以 300 ~ 500 米为半径。根据市政府要求，公共厕所建设根据实际情况逐渐推进。

道路桥梁

一般道路　中华人民共和国成立前，公路基础薄弱，村与村之间多是窄土路。

中华人民共和国成立后，道路建设取得了长足进步，升级改造郑开公路（北线）的同时，东赵公路等工程也顺利完工通车，极大地方便了居民出行。

1996年，顺丁干渠南侧河堤修铺了中东路至小朱村柏油公路，全长7千米。

2000年，辖区内公路里程36千米，村村均有公路相通。

2008年，新修村内道路6.08千米。

雁鸣大道

雁月湖公园

2011 年，投资 460 万元新修铺了东漳东村环村路、东漳西村环村路，并硬化了小店至中东公路 3 千米路面。

2011 年，雁鸣湖镇投资 350 万元进行道路及排水建设。

2012 年，中牟·国家农业公园内 7 条观光道路已全部建设完工。建成道路 28.4 千米，道路修建年度总投资 4.65 亿元。

2013 年，雁鸣湖镇主要承担雁鸣大道升级改造和雁月路建设工程。雁鸣大道北延工程全长 1.7 千米，道路规划双向 8 车道，建成通车，并做雨污管网；雁月路连接全镇 4 个新型社区，全长 11.85 千米，双向 4 车道，建成通车。

雁月大道

2014 年，镇政府新修田间生产路 24 千米。

2016 年，投资 780 万元完成辛寨、小店、岳庄、小朱、丁村约 9 千米新建道路项目。

2017 年，完成桂花路、正商路、韩寨北路、伴月北路、纬四路建设；投资 2912 万元整修、新建村道和田间生产路 41 千米；完成国道 107 及官渡黄河大桥、东漳路、新月路西延、星辰路北延清障工作；完成星辰路跨湖大桥等雁鸣湖景区路桥项目的前期清障工作。

新月路

星辰路

2018年，投资1128万元修建小店、小朱等9个行政村16.4千米村道及生产路。投资1476万元修建太平庄村、司口村等12个行政村20.8千米村道及生产路。完成锦郑成品油管道改线项目建设任务，线路总长600米，投资615万元。同时完成了归月东路、归月中路、雁鸣湖跨湖桥、东村路、纬四东路、韩寨南路、文星路、丁干支渠扩宽的清障任务。

截至2018年，镇域市政道路总里程约30千米，村道及生产路总里程约120千米，市政道路覆盖面积62500平方米，村道及生产路48000平方米。市政道路建设标准为30千米每小时，路面为沥青混凝土路面，村道及生产路建设标准为15千米每小时，路面为水泥混凝土路面。市政道路包括道路工程、交通工程、绿化工程、电力工程、给水工程、排水工程等配套工程，村道及生产路。

雁鸣湖镇市政道路基本情况一览表

道路名称	长度/千米	红线宽/米	绿化	路灯	管网
雁鸣大道	1.7	55	有	有	有
雁月大道	11.7	20	有	有	有
新月路	2.9	50	有	有	有
星辰路	2.4	50	有	有	有
纬四西路	1.2	24	—	有	有
伴月北路	0.45	24	—	有	有
韩寨北路	0.34	20	—	有	有
东漳路	0.34	20	—	有	有
纬四东路	1.25	24	—	有	有
东村路	0.917	31	—	有	有
归月东路	2.5	25	—	有	有
归月西路	0.3	25	—	有	有
韩寨南路	0.374	20	—	有	有
文星路	0.83	25	—	有	有
桂花南路	0.4	25	—	有	有
正商路	1.26	25	—	有	有
桂花路	0.965	25	—	有	有
合计	29.826				

郑开公路（北线） 东起开封市北门，经柳园口，顺黄河南岸大堤西行，过东漳、杨桥、花园口，西达郑州，全长 90 千米。辖区内全线长 14 千米。

此公路系省建设厅公路处工程队于 1928—1929 年采用以工代赈和征用义务劳工两种办法所修。华洋义赈会拨款 1.2 万元，赈粮 100 包、小米 1 万公斤，省财政拨修路款 16300 元资助。

1990 年，黄河大堤完成柏油路面铺设。

东赵公路 东漳至赵口，长 14 千米。1987 年 10 月，在黄河南岸大堤南侧平行修筑此路，路基宽 10 米。1988 年 6—10 月，由东往西铺筑 7 米宽的渣油路面 10 千米。工程总投资 56 万元，其中上级补助 38 万元。

东狼公路 东漳至狼城岗。1985 年，铺筑路基 14 千米。1988 年 4 月，开始由东往西铺 7 米宽的渣油公路。是年 7 月铺至东漳。1999 年 5 月，投资 285 万元改造东韦路（东漳村至狼城岗镇韦滩村，名为防汛路，也统称东狼路），设计标准为平原微丘四级公路，全长 72 千米。2000 年 4 月，投资 152 万元修铺了孙拔庄经王庄至黄河大堤防汛路，设计标准为平原微丘四级公路，全长 36 千米，路基宽 8 米，路面宽 6 米，同年 6 月竣工。

中东公路 中牟县城至东漳，长 20 千米，有中桥 2 座、小桥 7 座，涵洞 24 道。1955 年春至 1956 年春，修中东公路。1978 年，改线修筑此路。1979 年 2 月，中牟县城至北三官庙新路基工程动工，北三官庙至东漳路段的旧路基按统一标准加宽加高。1980 年 10 月，铺筑三级渣油路面，路基宽 10 米，渣油路面宽 7 米，总投资 63 万元。1993 年进行了拓宽改造，渣油路面加宽至 10 米。2011 年，辖区段渣油路面又加宽至 20 米。

高速公路 洛开高速公路（后改称连霍高速公路）于 1991 年 3 月动工修建，1994 年 6 月通车，路基宽 26 米，双向 4 车道，途经镇区韩寨、小店、朱固 3 个村庄，辖区内全线长约 45 千米。

连霍高速公路

桥 梁 截至目前，辖区内中东公路上有赵口干渠桥、韩寨南丁沟桥、韩砦北丁干桥、运粮河桥、东漳东干桥共5座桥，载重负荷大。其他黄河堤以南的村庄，有东干桥、丁干桥、运粮河桥等近20座水泥预制板所铺的生产桥。

2019年10月16日，连接原阳县和中牟县的官渡黄河大桥建成通车，大桥南端位于雁鸣湖镇辖区。

官渡黄河大桥

公共交通

截至2019年上半年，雁鸣湖镇共有两条往返中牟县城的城乡公交路线，一条路线的起止点为雁鸣湖镇朱固村和中牟县城，途经辖区内社区路和雁鸣大道，约一小时一班车。另一条公交路线起止点为雁鸣湖辛寨村和中牟县城，途经辖区防汛路和雁鸣大道，约半小时一班车。

两条公交路线在辖区内没有固定站点，招手即停。

水利建设

水井设施 1957年，东漳乡兴起以打井为中心的农田水利基本建设，共打大口井10多眼。

1962年，开始了第二轮打井，共打小口井10多眼，井口直径50厘米，20多米深。

1968年，进行了第三轮打井。这次打的是大口机井，利用水冲式打井法。每个井管直径80厘米，高12米，由8个花管、20个焊管组成。井深30米，水深15～20米。截至1975年，共打井60多眼，且大多都建了井房，保护较好。这些井早期配套汲水工具是链条泵，由柴油机作动力带动，后来用3寸、4寸水泵和潜水泵等，由电力带动。1970年后在抗旱浇地中发挥了很大作用。

1980年后，又打了小口井、对口抽等机井，在灌溉中发挥了巨大作用。

2000年后，每隔两三年都要增补一部分新机井，保证了农业粮食稳产高产。

2014年，镇政府投资240万元为19个行政村新配备机井120眼。

引黄淤灌 1957年，为准备引黄淤灌，东漳中心乡开始修建高底河。

1966年，重建丁干渠。

1965年秋，开挖了四清河（后称运粮河），主要用作排水排涝。

1966年冬至1967年春，东漳、狼城岗两个公社共同开挖了东干渠，1968年全乡普遍开始种稻。

截至1980年，大部分盐碱地经过黄河水的淤灌排碱，都能植稻种麦。

1980年后，实行家庭联产承包责任制，大大提高了农户们的积极性，纷纷争抢黄河水淤灌盐碱地。

到1990年，许多洼地都被淤平，种上了麦稻，粮食产量大幅提高。

1993年，规划了3个万亩优质高产开发方，对部分干渠、大部分支渠使用水泥板硬化。实行大方块田，路路相通，一路两河、一排一灌，横成排、竖成网。

截至2000年，镇区修建引黄干渠25万米，开挖大小支渠60条、斗门60个，硬化大小支渠长度达3万米，修建桥闸30余座、提灌站1处，淤灌土地近3万亩。

2015年，筹集7452万元打造的三年农田水利高效节水灌溉项目，进入实施阶段。

供　水

1970年，东漳东村、东漳西村共打了4眼饮水机井，并建有水塔。

1978年后，农村个别农户在自家院内打了水冲式手压井，既卫生又方便。截至1990年，水冲式手压井基本普及；后来农户逐渐采用电动水泵机器抽水，更为先进方便。

2005—2006年，中牟县水利局为辖区内的朱固、孙拔庄、万庄、九堡、小店、韩寨、杏街、丁村、岳庄、小朱等10个村，设专项资金打了10眼深200米的水井，修建无塔供水罐，并铺设管道，把水送到各家各户。

2007年，中牟县水利局在东漳村开发区路东建起了自来水厂，打300米深水井2眼，交由乡政府管理。水厂为东村、西村、司口、镇直单位等铺设管道，提供安全饮用水。

2010年，利用延伸管道为太平庄、张庄、辛寨等村供给安全饮用水。至此，全镇19个行政村都用上了自来水。

2018年，投资3500万元完成了安全饮水全覆盖工程，实现辖区群众吃水安全。

供　电

1970年，东漳公社架上了高压线，从开封送电，辖区居民逐渐使用电灯照明。

1976 年，改用中牟县大孟镇耿士屯送电，后来又改用中牟县官渡镇西吴变电站送电。

1999 年，进行了农电改造，在辖区各村重新架设线路，并实现一户一表，统一管理、收费、维修。

2003 年，辖区建成了 16300 千伏安的变电站，结束了由外乡送电的历史。

2011 年，辖区有用电大户 80 多户，普通生活照明户 5800 多户，拥有变压器 212 台，月供电量 200 多万千瓦时，年供电量 2000 多万千瓦时，高压线路 90 多千米。

供　气

2013 年 12 月底，雁鸣湖镇新建社区开始实现天然气集中供热。截至 2019 年，东村社区、韩寨社区、太平庄社区、朱固社区已经实现天然气集中供应，惠及辖区约 50% 居民。

排　水

2008 年，修建下水道 1500 米，改建排水管网 1.8 千米。

2011 年，投资 110 万元新建了镇区下水道。

2016 年，雁鸣湖镇投资 10900 万元对社区路 11.8 千米雨污管网进行施工。年底社区路东段完工，达到验收条件，朱固社区一期雨污管网投入使用。

2017 年，投资 9900 万元完成雁鸣大道雨污管网铺设。

截至目前，完成给水管沿道路敷设。同时在星辰路、雁月路、新月路、赵口总干渠路敷设污水干管，汇集至雁鸣湖大道污水主干管，然后向南送至赵口总干渠污水总管，最后进入污水处理厂。

绿化与环境卫生

2008 年，新栽绿化树木 450 棵，绿化面积 1780 平方米。

2011 年，镇政府补贴 16 万元，改厕 710 座；建垃圾池 60 个、垃圾中转站 9 座、垃圾处理场 1 处；购垃圾车 5 台，清除垃圾 8507 立方米；拆除违章建筑及残垣断壁 9000 立方米，清洁道路 53 千米；栽植绿化树 6872 棵。成立中西湖清障工作小组，配合相关单位对雁鸣湖景区内进行清障，清障面积 7860 亩。10 月，对影响景观大道施工的建筑、树木、附属物清障。

2012 年，投资 500 余万元用于环境卫生设施配置，新修村内主干道 57.6 千米。配备保洁员 145 人，开展宣传教育、卫生文明户评比及集中整治活动。同年，卫生村全部通过达标验收。

2013 年，雁鸣湖 7000 亩水面生态恢复改造工程基本完成，完成廊道绿化 600 亩。

2015 年，雁鸣湖镇被河南省水利厅评为“水美乡村”，被河南省住房和城乡建设厅评为“美丽宜居乡村试点”。

2016 年，雁鸣湖镇组织开展“雁鸣湖镇清洁家园”行动，印制宣传资料万余份，发放至各村群众，并与每家每户签订《环境卫生承诺书》。6 月，将镇域内的垃圾清运和 19 个行政村以外的沟河路渠、绿化带的卫生清扫、保洁全部进行服务外包。制定出台《雁鸣湖镇 2016 年推进城乡环境综合整治工作实施方案》《雁鸣湖镇环境卫生长效机制管理办法》等，使环境卫生整治工作由突击性变为常态化。

2018 年，雁鸣湖镇投资 42 万元，完成纬四路与水系边角地绿化面积 2915.39 平方米，完成园区绿化补种补栽 1000 余平方米。组织村容户貌现场观摩会 11 次，评比户容户貌 11 次，评出卫生标兵户 7185 户。同年，镇政府投入 443.9 万元对辖区农村生活垃圾进行服务外包。同年，雁鸣湖镇被评为“国家卫生镇”。

党建政事

中共雁鸣湖镇委员会

1948 年 10 月，中牟县解放后，建立 7 个区，雁鸣湖镇区属大孟区。区政府派人到各村发展党员，领导群众开展党的工作。

1949 年，中华人民共和国成立后，各村开始建立党组织。

1951 年 12 月，大孟区撤销，在东漳村设立中牟县第二区，辖 10 个小乡。自此，镇区形成区委和村党支部两级领导格局。

1955 年 12 月撤区，建立东漳中心乡，设党委书记。

1961 年，东漳从万滩公社析出，成立东漳公社党委。

1965 年，再置东漳公社，村级党组织设大队党支部书记。

1968 年，成立东漳公社革命委员会。

1980 年，改公社革命委员会为公社委员会。时有党支部 23 个，党员 540 人。

1983 年，东漳公社更名为东漳乡，大队更名为村委会。东漳乡级、村级党组织的主要领导称为书记。

1990 年，辖区有党支部 23 个，党员 680 人。

2000 年，辖区有党支部 23 个，党员 790 人。

2011 年，全镇共有党支部 26 个，党员 971 人。

2014 年，打造了九堡、孙拔庄、太平庄 3 个基层党建县级示范点和张庄、东村 2 个基层党建镇级示范点。

2016 年，推行“党建 + 便民服务”机制、“互联网 +”服务模式，搭建党群三级服务平台。

东村社区党群服务中心

朱固社区党群服务中心

2017 年，投入近 500 万元完成辖区 19 个行政村阵地建设，做到基层党建软硬件齐抓共管。全镇 1365 名党员实行电子、纸质档案双审查。在全镇党员中实施“中牟红管家”党员积分化管理，实现党员“线下作用发挥，线上积分评优”。将支部书记讲党课、年度工作通报、征求意见等常态化。

2018 年，对小店、辛寨、九堡、司口、太平庄 5 个村党群服务中心进行改扩建。组织党员干部集中学习 40 余次，赴党校专题学习 8 期 1800 余人次。

雁鸣湖镇人民政府

1948 年 10 月，中牟县解放后，镇区划归大孟区。

1951 年，区部迁至东漳，成立东漳二区区政府。

1958 年，人民公社化后，辖区曾先后归属黄河公社、万滩公社和东漳公社。

1962 年，划归大孟公社。

1965 年，设东漳人民公社。

1981 年 2 月，改为东漳公社管理委员会。

1983 年 4 月，改为东漳乡政府。

2010 年 3 月，撤乡建镇，成立雁鸣湖镇政府。

人大、政协

人民代表大会 20 世纪 80 年代初，东漳乡召开第六届人民代表大会，此次实为东漳乡首次召开人民代表大会。

雁鸣湖镇的人民代表选举一般需要经历划定选区、培训工作人员、登记选民、正式选举、公布选举结果等步骤。

人民政协 1988 年 3 月设立东漳乡政协联络组，主要工作包括：制订和实施政协工作计划，总结全年工作；组织辖区内政协委员参加县政协会议，并督促委员提交政协提案；组织辖区内政协委员开展学习座谈，对辖区各项工作作出评议。

2004 年改称为雁鸣湖乡政协联络组，2007 年改联络组组长为统战员，2010 年改为雁鸣湖镇政协联络组。

群团组织

工　会 镇工会组织于 2004 年建立，所属单位有各学校、卫生所、建材企业等职工和农民工。

共产主义青年团 1949 年 10 月，辖区成立中国新民主主义青年团团组织，1957 年改名为中国共产主义青年团。

1983 年，改为乡团委。

2010 年，改为雁鸣湖镇团委。

妇　联 1956 年，成立东漳乡妇联。

1965 年，成立东漳公社妇联，各大队皆选有妇联主任，生产队有妇女队长。

1983 年，改公社妇联为东漳乡妇联。

2010 年，改称雁鸣湖镇妇联。

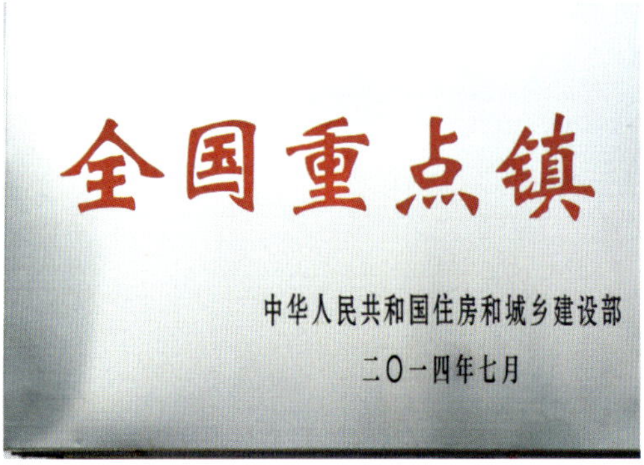
全国重点镇
中华人民共和国住房和城乡建设部
二〇一四年七月

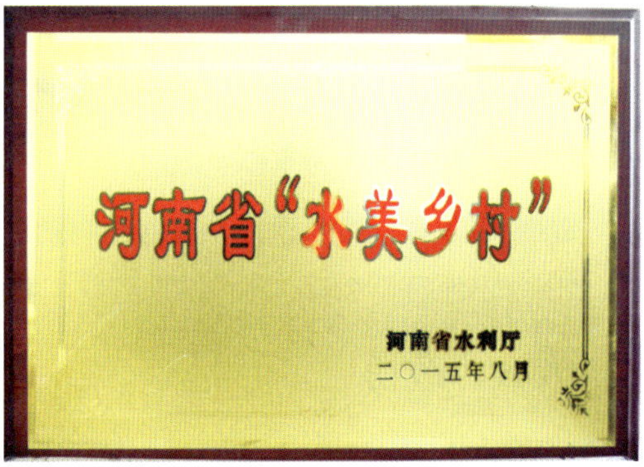
河南省“水美乡村”
河南省水利厅
二〇一五年八月

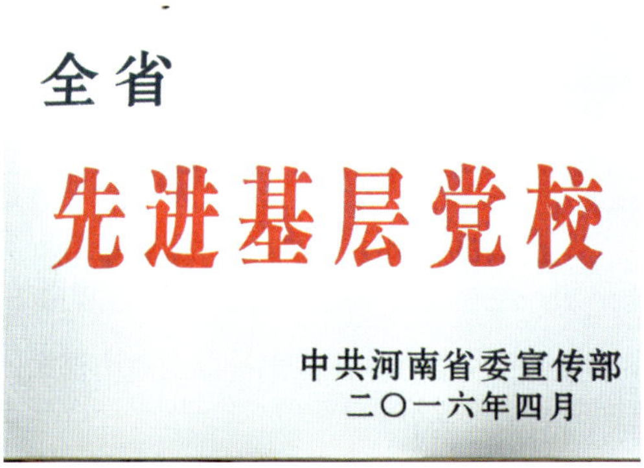
全省
先进基层党校
中共河南省委宣传部
二〇一六年四月

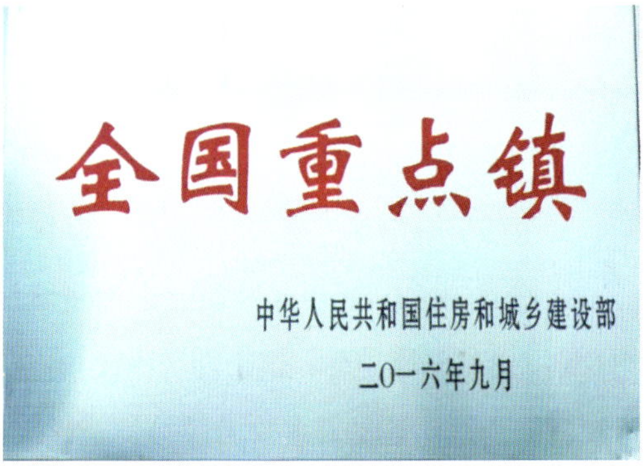
全国重点镇
中华人民共和国住房和城乡建设部
二〇一六年九月

省级
特色景观旅游名镇
河南省住房和城乡建设厅 河南省旅游局
二零一六年十二月

河南省国土绿化
模范乡（镇）
河南省绿化委员会
二〇一六年十二月

全国文明村镇
中央精神文明建设指导委员会
2017年11月

中国乡村旅游
CHINA RURAL TOURISM
河南省特色生态旅游示范镇
河南省旅游局
二〇一八年十月

荣誉奖牌

镇域经济

20世纪70年代后，辖区经过引黄淤灌、改土治碱和农田水利建设，发展水稻、莲菜种植和水产养殖等，成为中牟县粮食、莲菜、鱼、米的主要产地，由昔日的“北大荒”成为中牟县北部的“鱼米之乡”。

至21世纪初，旅游经济、现代化农业、规模化水产业在辖区快速发展，“宜居、宜游、宜业”的雁鸣湖镇日渐成型。

发展历程

中华人民共和国成立前，粮食作物主要有小麦、高粱、红薯、大豆等。一般年景春夏旱、后秋涝，粮食产量很低，一般亩产只有50公斤左右。

中华人民共和国成立后，辖区以农业生产为主，在种植传统农作物的基础上不断引进新品种，粮食产量有所提高。

20世纪70年代，经过引黄淤灌、改土治碱和多年的农田水利基本建设，到1980年，实行稻麦轮作，一年两季收成。是年，农业生产实行生产责任制。1990年，大堤以南的盐碱卤地全部变成了稳产高产田。2000年，全镇种植水稻1.42万亩，产量6998吨。

20世纪90年代初期，在中牟县国营渔场和联合国粮农计划署援建项目的促进带动下，镇区水产养殖业快速发展。1995年后，全镇兴起开挖鱼塘发展养殖水产。1998年，建成朱固甲鱼养殖场，年产甲鱼2吨。1999年起，镇区引进大闸蟹养殖，至2000年，镇区养殖大闸蟹2250亩，产量5.6万公斤，成为该镇特色经济。同年，全镇渔业养殖水面3615亩，产量230.1万公斤。2005年，“雁鸣湖大闸蟹”在国家工商总局注册商标。至2018年，全镇水产养殖业已成为该镇的经济支柱产业。

雁鸣湖老照片——黄河捕鱼

自 1999 年起，镇区开发雁鸣湖生态风景区，旅游业开始发展。雁鸣湖生态风景区、观鸟林森林公园、中牟·国家农业公园、静泊山庄、沙窝森林公园、蟹岛生态度假风景区等项目成为雁鸣湖镇的旅游名片。

21 世纪以来，雁鸣湖镇大力推进产业体系构建和农业结构调整，坚持传统农业与特色产业协调发展、统筹推进，积极引导传统农业向观光农业、休闲农业、度假农业为主的现代化农业转型。

至 2018 年，全镇围绕“强镇惠民、强村富民”的发展目标，强化基础抓城建、提质增效抓产业、动力支撑抓项目、和谐构建抓民生、强基固本抓党建，镇域地区生产总值完成 16 亿元，固定资产投资完成 36.8 亿元，农民人均可支配收入完成 1.91 万元，粮食总产量完成 2200 万公斤，财政收入完成 2.14 亿元，各项主要经济指标均位于全县前列。

雁鸣湖镇 2009—2018 年生产总值及财政收入统计表

年份	生产总值 / 亿元	第三产业增加值 / 亿元	固定资产投资 / 亿元	农民人均收入 / 元	财政收入 / 亿元
2009	10.2	4.5	12.9	7122	0.186
2010	10.4	1.2	18.8	8112	0.247
2011	13.7	4.1	18.8	8902	0.325
2012	10.4	4.3	22	10949	0.58
2013	10.6	4.5	26.4	12361	0.747
2014	10.1	4.9	20.9	13634	0.87
2015	11	6.8	22.9	14872	1.04
2016	12.6	8.2	29	16047	1.16
2017	14.9	9.9	37.6	17523	1.48
2018	18.2	12.4	37	19170	1.69

农 业

耕 地

中华人民共和国成立前，镇区耕地多集中在少数富人手里，广大农民少地或无地。1951 年，辖区各村开展土地改革运动，广大农民分得了土地。

1956年，全国掀起农业合作化高潮，镇区各村农民带土地、牲口等生产资料加入农业合作社，后转入高级社。入社后，土地等生产资料归集体所有，高级社统一制定生产计划、统一种植、统一管理，实行按劳分配原则，农民劳动记工分，年终按工分分配粮食、柴草等。1958年，高级社转入人民公社，公社在生产上统一调度。

1982年，根据十一届三中全会精神，东漳公社安排各生产队按人口将土地承包给各户，但土地的所有权仍属集体所有，农户上缴公粮和缴纳各项提留后，多余的粮食全部归农户所有。

2000年，雁鸣湖乡耕地面积4.2万亩。

2011年，雁鸣湖镇耕地面积为4.22万亩。

2016年，雁鸣湖镇耕地面积5.59万亩，基本农田面积4.39万亩。

2018年，雁鸣湖镇耕地面积4.54万亩。

粮食作物

明、清时期，镇区一带各村庄种植的粮食作物种类有：黍（谷子）、稷、麦、菽（豆）、高粱、红薯等。民国时期主要种植小麦、大麦、荞麦、高粱、豆类（包括黑豆、绿豆、豌豆、扁豆等）、玉米、谷子、红薯、芝麻、花生等。中华人民共和国成立后，镇区一带仍以种植小麦、大豆、高粱、玉米、红薯为主，谷子、荞麦、大麦、豌豆、绿豆等作物因产量低而种植面积减少。

20世纪50年代，镇区在种植传统农作物的基础上不断引进、试种新品种。1958年，东漳村在寨南大井旁试种1分水稻成功，但因缺少水源无法推广。1966年，辛寨村试种水稻成功。1968年，全乡普遍引黄种稻，因高产优质，水稻逐渐成为镇区农作物主角。1990年，全乡种植水稻1.2万亩，占总播种面积的30%。2000年种植水稻1.42万亩，占总播种面积的40%。2005年以后，因水源不足，全乡稻田改种旱作物，2011年辖区不再种水稻。

进入21世纪，雁鸣湖镇粮食作物以小麦、玉米为主，经济作物以大蒜、花生为主。2012年，全镇粮食产量2633万公斤。至2018年，全镇粮食产量2100余万公斤。

小　麦　小麦是雁鸣湖镇种植的主要粮食作物。

中华人民共和国成立前，辖区小麦亩产在50公斤左右，产量高的年份，亩产可达100公斤。

1960年后，引进“三八白”品种，亩产可达150公斤。该品种粒大籽白、皮薄、出粉率高，受到农民欢迎。

1970年，引进“阿夫”品种，亩播种量7.5 ~ 9公斤，亩产可达250公斤。该品种具有秆粗且矮、抗倒伏、产量高的特点，麦粒呈暗红色，皮厚，面粉黑，多适合水浇田种植。

1980年，引进“郑引1号”品种，为中高秆红麦，亩产可达400公斤。

1990年后，引进“温麦8号”“温麦6号”品种。

2000年后，引进“豫麦49”“豫麦41”等高产优质小麦品种。

2011年，全镇统一从外地购调新品种“周麦18”“周麦22”“温麦8号”“温麦6号”。是年，镇区小麦播种面积29580亩，产量1265.4万公斤。

至2018年，全镇小麦播种面积26985亩，产量1053万公斤。

大　麦　清朝时期镇区内就有大麦种植，但大麦不是主要粮食作物，一般作为骡、马、驴等牲畜饲料。中华人民共和国成立后，因为产量低不再有人种植大麦。

水　稻　20世纪60年代，辖区建成三刘寨和赵口引黄闸，开挖丁干、东干、运粮河、丁村沟、赵口总干渠等引黄和排水河道，进行引黄淤灌、种稻改土。1967年，镇区开始引黄河水种稻。

水稻种植

1970 年，种植品种有“竹秆青”，秆高 1 米，亩产 150 公斤。

1980 年前后，引进“田边 10 号”，秆高 90 厘米；“农垦 57”，中高秆，亩产 250 公斤。

1990 年后，引进有“黄金晴”“花粳 2 号”“郑稻 1 号”“中国 91”等高产优质水稻品种，单产可达千斤以上。

1993 年，中牟县农业局培育出“香稻”新品种，亩产在 400 公斤左右，镇区各村都有种植。

2000 年，全乡种植水稻 1.42 万亩，产量 699.8 万公斤。

2002 年起，因河水不足，稻田逐渐减少，改种旱作物。到 2005 年，全乡稻田改种旱作物。

高　粱　高粱在镇区一带种植历史悠久，和其他作物相比，较为抗旱抗涝。又因其秆、穗、叶与人们的生活息息相关，成为秋季的主要作物之一。1970 年前，镇区种植较多，后因其产量低，种植大为减少。品种有老鸹坐、米谷朵、黑壳高粱、杂交高粱等。

玉　米　历史上种植玉米较少，1970 年玉米种植逐渐发展起来。1980 年，品种有“豫农 704”，亩产 250 公斤。1990 年，品种有“单豫 13”“浚单 22”，亩产量可达 500 公斤。2002 年，稻田改种旱作物后，镇区玉米种植面积扩大，有麦茬玉米、蒜茬玉米等。2011 年，全镇玉米播种面积 27690 亩，产量 1308.1 万公斤。2018 年，全镇玉米种植面积为 29040 亩，产量约为 1094 万公斤。

大　豆　大豆是辖区重要的粮食作物之一，也是油料来源的重要作物。中华人民共和国成立前，镇区就大面积种植大豆，只是产量较低。中华人民共和国成立后，产量仍然偏低，一般亩产 40 公斤左右，品种有“铁角糙”“牛毛黄”等。1990 年后，大豆引进“豫豆 8 号”“豫豆 10 号”“郑豆 120”等优质新品种。2000 年，辖区黄河滩区种植大豆 7920 亩，产量 137.6 万公斤。2011 年，辖区种植大豆 3180 亩，产量 58.1 万公斤。2018 年，全镇大豆种植面积 2010 亩，产量 30.1 万公斤。

红　薯　亦称白薯，清朝乾隆年间，镇区一带各村开始种植，但总体种植面积不大。民国时期，红薯种植较为普遍，面积有所扩大。中华人民共和国成立后，因为红薯较其他作物具有亩产量高的特点，成为主要的秋粮作物。种植品种有“胜利百号”“跃进 2 号”“宁薯 1 号”“徐薯 18”。2000 年后，由于难储存和价钱低，栽种量减少。2011 年，全镇红薯种植面积 225 亩，产量 9.5 万公斤。2018 年，全镇红薯种植面积 195 亩，产量 10.3 万公斤。

经济作物

镇区一带各村的经济作物主要有棉花、花生、蔬菜、西瓜、大蒜、油菜、芝麻等。这些作物因与人民生活息息相关，种植历史悠久。

棉 花 中华人民共和国成立前，镇区因沙质土地多，各村均种植棉花，产量低，亩产只有 15 ~ 20 公斤，且种植面积小。1960—1978 年，各村在沙薄地上种植棉花一二十亩。1978 年实行生产责任制后，一些农户开始在承包土地上种植棉花，随后辖区棉花种植量增加。2011 年，全镇棉花播种面积 3060 亩，产量 15.7 万公斤。2018 年，全镇棉花播种面积 2175 亩，产量 15 万公斤。

油 菜 中华人民共和国成立前，辖区种植油菜较少。中华人民共和国成立后至 20 世纪 70 年代，辖区也少有种植。1980 年后，油菜种植面积迅速扩大；2000 年，油菜全乡种植达 2000 亩，产量 10 多万公斤，品种为“胜利 62”“甘油 5 号”。2011 年，全镇油菜播种面积 2055 亩，产量 33 万公斤。2018 年，全镇油菜播种面积 975 亩，产量 15.4 万公斤。

花 生 中华人民共和国成立前，辖区各村都有大面积种植花生。中华人民共和国成立后，花生种植面积更为扩大，每个生产队种植都在百亩以上。1980 年前，花生品种多为大棵捞秧、大果花生，亩产 100 公斤。1980 年后，引进有“山东伏”“小果仁”等花生早熟品种，亩产 150 公斤。1990 年后，引进有“684”，大果仁，出油多，而且多用地膜覆盖，平均亩产近 350 公斤，高产可达 400 公斤。2011 年，全镇花生播种面积 9660 亩，产量 325.1 万公斤。2018 年，全镇花生播种面积 6240 亩，产量 223.7 万公斤。

西 瓜 中华人民共和国成立前，镇区种植的多为汴京西瓜，个大味甜。1986 年，辖区西瓜采用营养钵育苗，再移栽到大田，加之地膜覆盖，产量高，含糖量 10 度以上，销量增加，种植面积不断扩大。2011 年，全镇西瓜种植面积 2370 亩，产量 861.7 万公斤。2018 年，全镇西瓜播种面积 1620 亩，产量 626.3 万公斤。

大 蒜 中牟大蒜在全镇各村均有大面积种植，特别是 1990 年后，中牟大蒜大量出口，价格不断提升，种植面积不断扩大。后经技术改进，加之地膜覆盖，大蒜亩产可达 750 公斤，成为辖区农户的主要经济来源。2011 年，全镇大蒜种植面积 12075 亩，产量 2590.6 万公斤。2018 年，全镇大蒜种植面积 10725 亩，产量 1865.2 万公斤。

大蒜种植

丰收喜悦

蔬　菜

镇区历史上就有种植蔬菜的习惯，大部分农户在种庄稼之外，都会辟出少量的菜地种菜，除供自家食用，还将富余的蔬菜拿到市场上销售。中华人民共和国成立后，辖区蔬菜种植量扩大，种植的蔬菜品种有黄瓜、豆角、茄子、辣椒、韭菜、冬瓜、白菜、蕃茄、大葱、洋葱、胡萝卜、白萝卜等，其中朱固白萝卜生吃脆甜，较为出名。2011 年，全镇蔬菜种植面积 3345 亩，产量 1394.2 万公斤。2018 年，全镇蔬菜种植面积 3795 亩，产量 1812.7 万公斤。

莲菜　1985 年，辖区东村有几户农民开始引种莲菜，因莲菜销售价格较高，莲菜种植在辖区推广开来。1995 年，莲菜种植发展迅速，成为辖区主要的蔬菜品种。2011 年，全镇莲菜种植面积 5000 亩，产量 392.1 万公斤。2018 年，全镇莲菜种植面积 3540 亩，产量 277.6 万公斤。

中牟·国家农业公园

2010 年，中牟县委、县政府确立了规划建设都市型现代农业示范区的工作思路，由中国农业大学规划设计院编制完成了示范区的总体发展规划。总体规划面积 512 平方千米

（区划调整后），打造“两区一城一滩五大产业”（“两区”即北部旅游观光农业示范区、南部生态高效农业示范区，“一城”即河南万邦国际农产品物流城，“一滩”即黄河滩区生态再造、产业转型工程，“五大产业”即蔬菜、花卉、渔业、林果、畜牧）。为加快示范区建设，在南北两个示范区各启动一个占地 5 平方千米的先导区。

中牟·国家农业公园是北部旅游观光农业示范区的先导区，北至运粮河，东南至丁村沟，西接雁鸣大道。计划总投资 35 亿元，总占地面积 8960 亩（其中土地面积 7300 亩，水域面积 1660 亩）。园区分为水产养殖示范区、名优花卉示范区、农业文化创意区、精品果蔬示范区、农业高新科技示范区、综合管理服务区 6 大功能分区。园区着力发展蔬菜、花卉、渔业、休闲观光四大产业，重点体现生产示范、旅游、文化、科技四大功能。

2012 年 4 月，园区基础设施及企业建设同步进行。7 月，中牟·国家农业公园获农业部认定，列入省重点项目。

2013 年 10 月，园区 7 条主次干道开工建设，排水、电力、通信、燃气 4 项工程及停车场、雨污水泵站、标志性建筑“领头雁”等工程完工。

2014 年 4 月，首届郑州中牟农业嘉年华活动在中牟·国家农业公园举行，之后两年又连续举办了两届，活动展示了河南现代农业的发展成效，提高了中牟农业在社会上的影响力和知名度，辐射带动了区域农业产业的提档升级。

至 2018 年，园区累计完成投资 19 亿元，签约入驻企业 14 家。

水产业

中华人民共和国成立前后，雁鸣湖一带因地势较低，形成很多小型水坑、河沟，为鱼虾的生长创造了条件，但鱼虾全为自然生长，没有人工饲养，水产业未形成规模。

1980 年，相关部门在镇区征地 1100 亩，建成中牟国营渔场，开挖渔池 73 个，养殖水面 410 亩。此后，全镇养鱼业以渔场为示范，以精养为主，有计划地开发水域，使水产业进入了新的发展时期。

1984 年，联合国粮农计划署在中牟进行援建“2814”项目，镇区韩寨村利用这个项目的支持，开挖鱼塘 800 亩。

1987 年，中牟县政府利用补贴粮食的办法，让东漳西村、韩寨、杏街、丁村等村开挖200亩鱼塘。由于条件所限，挖成后没有投放鱼苗，20世纪90年代开始承包给个体户养鱼。

1995年后，辖区开挖鱼塘增多，水产养殖渐成规模。

1998年，辖区建成朱固甲鱼养殖场，年产甲鱼2000公斤。

2000年，全镇渔业养殖水面3615亩，产量230.1万公斤。

2000年后，雁鸣湖自然风景区的开发对水产养殖业发展起了推动作用，全乡水产业迅速扩展。除了养鱼业，辖区还发展特色水产养殖，如甲鱼养殖、鳝鱼养殖、大虾养殖、大闸蟹养殖，特别是大闸蟹养殖发展较快。

2011年，全镇水产养殖7860亩，年总捕捞量为1040万公斤，净收入约4000万元。除孙拔庄村在大堤以北外，大堤以南的16个村村村都有养鱼塘。水产养殖种类有草鱼、青鱼、鲢鱼、鲫鱼、鲤鱼、甲鱼、美国对虾、大闸蟹。

2018年，全镇水产养殖健康发展，成为镇区经济支柱之一。

大闸蟹养殖

雁鸣湖景区水草丰茂、水质纯净，具有足够的天然饵料，如水草、贝壳、小鱼小虾等，适合大闸蟹养殖。雁鸣湖大闸蟹个体硕大、壳青肚白，雄者脂白如玉，雌者脂黄如金，受到消费者欢迎。

大闸蟹养殖之一

2000年，大闸蟹养殖面积2250亩，产量5.6万公斤。

2002年，大闸蟹养殖面积达到5000亩。

2005年4月，雁鸣湖大闸蟹在国家工商总局完成商标注册。

2009年，中牟县大闸蟹专业合作社成立，合作农户15户，拥有养殖水面1250亩，养殖大闸蟹、小龙虾、黄河鲤鱼、花鲢等多种优质水产品。

2013年，雁鸣湖镇大力发展水产业。规划建设千亩大闸蟹标准化养殖基地，引导农

大闸蟹养殖之二

户规范化养殖大闸蟹，维护雁鸣湖大闸蟹品牌。

2014年，雁鸣湖镇打造“雁鸣湖大闸蟹”品牌，规范建设大闸蟹标准化养殖基地，成立雁鸣湖大闸蟹专业合作社，辖区内养殖户亩均增收2000元。

2015年，在雁鸣湖西湖打造大闸蟹养殖示范园，完成2000亩大闸蟹养殖销售工作。

2016年，投资300余万元，由镇政府引导，进行雁鸣湖镇丁村大闸蟹生态养殖示范园规划设计，在现有基础上进行合理布局，融入休闲采摘、娱乐体验、文化交流、休闲度假及科技示范等多种服务项目，高起点、高标准、高品质地打造具有较高经济效益、社会效益和生态效益的生态养殖观光园。

水产单位

中牟国营渔场 中牟国营渔场位于雁鸣湖镇韩寨村西南，建于1980年春，开挖鱼池73个，养殖水面410亩，职工40人。有苗种孵化池70亩，新品种实验池30亩。养殖品种有黄河鲤鱼、青鱼、鲫鱼、鲢鱼和名优品种武昌鱼、桂花鱼、斑点叉尾鱼、淡水白鲳、胡子鲇、罗氏沼虾、中华绒毛蟹等。1993年，渔场建成颗粒饲料厂，年产量2000吨，除

渔业养殖

自用外，部分销往郑州、开封、商丘等地，1998 年停产。1994 年，渔场建成 800 平方米的温室甲鱼场。1999 年，开发赵口沉沙池荒芜水面 2000 亩，引进中华绒毛蟹 10 万只，获得较好效益。2000 年产成鱼 500 吨，其中名优品种占 15%，孵化苗种 1500 万尾。2007 年，因土地流转，中牟国营渔场停办。

林果业

林　业

中华人民共和国成立前，雁鸣湖镇种植的树种主要有柳树、杨树、槐树、榆树、桑树、柏树、椿树、楝树等。中华人民共和国成立后，辖区多次进行植树造林活动，一些老树种被淘汰，一些适应性强、生长快、材质好的树种被引进。

杨　树　适应性强、生长旺盛。二十世纪六七十年代，辖区大量栽植大关杨。80 年代后，大关杨被淘汰，乡林场开始引进优质毛白杨、意大利杨、七二杨、中林四六杨、

杨树林

一〇七杨、沙兰杨等，在苗圃中大量育苗，每年育优质杨树苗 10 多万棵。1990 年后，在东干渠、丁干渠、河道两旁、乡间生产路、柏油路两旁都栽上了沙兰杨、意大利杨、毛白杨等优质树种。

柳　树　因比较耐水淹、耐盐碱，柳树在辖区低洼易涝区和河道两侧被大量栽种。

槐　树　耐旱同时材质比较优良，辖区多栽种此树种作为沙区防护林。

桐　树　生长旺盛，为庭院、田地四旁造林的主要树种。

榆　树　易于繁殖，生长旺盛，为庭院的主要树种。

植树造林　中华人民共和国成立前，黄河大堤风沙较大且没有防护林，大堤以北种植的庄稼很少有收成。虽有农户为了保护庄稼在大堤栽种树木，但因单家独户，造林缓慢，没有规划，形不成规模。

中华人民共和国成立后，为防风固沙，辖区开始植树造林，特别镇区南边的小店、韩寨、杏街、丁村、岳庄、小朱等村，积极响应植树造林。村干部带领群众沿雁鸣湖南侧 10 多里沙丘，大量栽植洋槐树、紫穗槐，后历经多年的补植，形成了十里长堤。在南边各村植树的同时，临近黄河大堤和堤北的村庄也开始在黄河大堤以北的滩地营造防护林带，当时是栽柳杆、压柳屯，每 250 米一道，一道林为 4 行，东西 150 米长。后来树木长起来后起到了防风治沙作用。

1970 年后，辖区开始第二轮植树造林。河堤上、路两旁、宅基地、荒沙地，大量进行植树造林。孙拔庄、西村、司口等村还在荒沙地上栽植刺槐林，太平庄村植上了杨树、桐树防护林网。

1981 年后，辖区村民分到责任田，植树力度加大，田间地头，户户植树。

2000 年，政府鼓励个人植树，国家每年每亩地给所植防浪林地补助 170 元，连补 5 年，树木成材后归个人所有。黄河大堤以北紧临大堤 500 米内全部植上防浪林。

2011 年，全镇有林地 1.35 万亩，其中 7000 亩为防浪林，4000 亩为防风护村林，四旁植树约 30 万株，经济林约 4000 亩，林木覆盖率为 13.5%。

2016 年，辖区扩大了围村林及防风固沙林的栽植面积，新增植树造林面积 1800 亩，并分解到了各村。

2018 年，各村利用沙荒地和沟、河、路、渠等宜林地资源，见空补造，采取宽窄行、均匀密度等灵活多样的造林模式，新增植树造林面积 940 亩，林业种植补贴面积 4900 余亩，发放资金 150 余万元。

果 业

果树种植在镇区很早就受到重视，辖区内种植较多的果树主要有枣树、桃树、杏树、柿树、石榴、葡萄、梨树等。

中华人民共和国成立前，雁鸣湖镇多个村庄建有桃园、杏园、梨园、柿园、枣园等果园，仅东漳村就有桃、梨、杏、柿等果园约 200 亩。

中华人民共和国成立后，辖区果树除保持原有树种外，还增植有核桃、苹果等树种。

1970 年后，辖区大部分果园改成农田。

1985 年后，辖区部分村庄开始培育新果园，朱固村种植苹果树 1200 余亩，因其苹果品种好、口感好，销售情况好，成为该村村民主要经济来源。随后，朱固村苹果种植业持续发展，淘汰旧品种，栽植个大味美的红富士苹果树种，加上科学管理果园，苹果产量高、收益大。

2000 年，朱固村开发葡萄园 300 亩，其新品种“京秀”品优价高。

2011 年，全镇有果园 1877 亩，每年向城镇输送果品 350 万斤。其中孙拔庄有苹果园 50 亩、核桃园 20 亩，东漳东村有苹果园 100 亩，东漳西村有苹果园 50 亩，司口村有苹果园 10 亩，太平庄有苹果园 30 亩，张庄有苹果园 10 亩、核桃园 7 亩，万庄有苹果园 80 亩，小店村有苹果园 20 亩，朱固村有苹果园 1200 亩、葡萄 300 亩。

2018 年，全镇有果园 172 亩。

葡萄种植

朱固村苹果种植

畜牧业

大牲畜饲养

大牲畜饲养在辖区历史悠久，人们饲养马、牛、骡、驴等大牲畜用以农业生产。大牲畜饲养以农户家庭饲养为主，饲养的大牲畜品种以当地土种牲畜为主。

1955 年，农业合作化运动，大牲畜全部入社归大集体所有。

1960 年，因经济困难，大牲畜养殖量减少；1962 年实行小槽喂养，大牲畜养殖量有所增加；1970 年，辖区每个生产队都有 10 多头牛、驴，个别生产队有骡、马等，公社从南方引进 30 头水牛，以贷款的方式分发到公社各生产队。

1981 年，农业实行生产责任制，集体的牛、驴、骡、马作价分给农户。1985—1995 年，农业生产机械化程度还不太高，犁地、碾场、拉运庄稼，使用畜力相当普遍，辖区大牲畜饲养数量大幅增加。此外，辖区部分养殖户开始养殖肉用的牛、驴，用以增加经济收入。

1995 年，全乡存栏的牛、驴等大牲畜有 2000 多头。

2000 年以后，随着农村经济发展，农业机械化程度提高，大牲畜不再农用，养殖数量减少，但肉牛、奶牛养殖量增加。

2005 年，朱固村一李姓农户开办奶牛养殖场，养殖奶牛 700 头。随后，东漳西村、太平庄、司口村、丁村、杏街村陆续增加奶牛养殖户。

2011 年，全镇存栏肉牛 2877 头、肉驴 300 头、奶牛 2312 头。

2016 年年底，辖区进行养殖场污染专项治理工作，不符合要求的养殖场相继关停。

猪、羊养殖

中华人民共和国成立前，辖区猪、羊养殖多为农户个体喂养，用以过年过节食用或婚丧等大事准备。1958—1960 年，因为成立公共大食堂，不允许个体饲养家畜，辖区也少有猪羊养殖。

1962 年，农村经济政策调整，允许群众饲养，国家外贸公司开始收购猪、羊，群众喂养的猪、羊可以到公社外贸收购站出售。辖区各生产大队开始兴办养猪场（当时叫畜牧场），每个畜牧场有 30 多头猪，大部分是放养。

1980 年后，个体可以收购猪、羊，猪、羊收购价格不断上涨，辖区开始出现养猪养羊专业户及小型养猪场。

1990 年后，辖区养猪养羊专业户实行科学喂养、防疫到位，猪羊出栏快，销量好、收益好。

2011 年，全镇有养猪专业户 40 家，生猪存栏 8943 多头、羊存栏 5733 只。

2016 年，全镇生猪存栏 16.663 万头，羊存栏 3500 只。2016 年年底，辖区进行养殖场污染专项治理工作，不符合要求的养殖场相继关停。

家禽养殖

中华人民共和国成立前，辖区内家禽养殖多为个体粗放型散养，有鸡鸭鹅养殖，以养鸡为主，多用来产蛋或过年过节食用。

20 世纪 70 年代前，辖区人民普遍经济拮据，辖区各户喂养三五只老母鸡，鸡蛋用作家庭改善生活，或用鸡蛋换盐碱，补贴家用。

1980 年后，辖区农户养鸡量增多，每户都养 10 多只鸡，全公社鸡存栏 10 万只。

1990 年后，辖区出现养鸡专业户，采取科学防疫、科学喂养，增加了养殖收益。

2011 年，全镇规模养鸡户 50 多家，鸡存栏量约 22.77 万只，鸭存栏量约 8416 只。

2016 年年底，辖区进行养殖场污染专项治理工作，不符合要求的养鸡场相继关停。

工 业

发展概况

中华人民共和国成立前，辖区内就有工副业生产，但带有明显的农耕社会特点。主要表现在分散、规模小，以农户个体经营为主体，以手工劳动为主要生产方式，商品率极低。

民国时期，集市贸易一度繁荣。东漳集市上有崔家染坊、朱家铁匠、韩家木匠、韩子玉家银匠炉等手工业作坊。

中华人民共和国成立后，镇区出现集体性质的企业，主要从事加工、修理，多停留在手工、人力操作阶段。因乡村仍然以农业生产为主，工业规模很小，效益一般。在农村的农、林、牧、副、渔五大产业中，工业划归在副业序列里，通常也称工副业生产。因多为公社、大队、生产队所创办，又称社队企业。社队企业主要是满足农业生产需要，剩余部分为社会提供服务，增加农民的经济收入。

十一届三中全会后，随着农村经济体制的改革和农贸市场的开放，一批乡镇企业发展起来。有草绳编织专业村、蒲苫编织专业村、稻草苫编织专业村，各大队有建筑队、加工厂、食品厂、预制板厂、面粉厂、造纸厂、纸箱厂、铁工厂等集体企业。

进入 20 世纪 90 年代后，这些集体企业因为流动资金不足、管理不善、市场意识不强等原因，大多亏损严重，或破产停办、改制。

至 2018 年，辖区内有郑州雁鸣湖生物工程有限公司、雁鸣湖酒厂、郑州容大食品有限公司等少量规模企业。

手工加工业

中华人民共和国成立初期，辖区内仅在东漳集市上有几家铁匠、木匠、豆腐作坊等手工业作坊。

20 世纪 60—70 年代，编织业曾是辖区的特色手工业。手工编织是以家庭为单位的副业，利用当地原材料，利用农闲时编织。项目有编织稻草苫、蒲苫，用打绳机打稻草绳，用柳条和紫穗槐条编筐、篮、篓等。辛寨村是有名的稻草绳编织村，九堡村是蒲苫、蒲包编织专业村，西村、杏街是稻草苫编织专业村。

20 世纪 70—80 年代，手工作坊在辖区逐渐增多，主要有磨豆腐、生豆芽、制作木器、打铁、磨面、碾米、轧油、弹轧花等作坊。当时东漳西村黄日银家的豆腐、腐竹作坊，孙拔庄村祁老东家的豆腐作坊、老黄家的豆腐作坊较受欢迎。

20 世纪 90 年代后，机器替代手工加工，原来的手工作坊和手工编织逐渐消失。轧油、磨面、碾米、弹轧花等也由人力、畜力等作业转变成机器加工。

砖窑业

中华人民共和国成立前，辖区有少量的砖瓦窑业。

中华人民共和国成立初期，农业经济为集体生产，不允许私人开砖窑。

20 世纪 70 年代起，辖区逐渐恢复砖瓦窑业生产。1970 年，东漳村西大队建起了一座蓝砖窑，开始烧制蓝砖，每窑可出 2 万块砖。1974 年，孙拔庄村开始在村西头烧制蓝砖蓝瓦。1975 年，东漳村西西一队在黄河大堤南边建起一座蓝砖窑，可装 2 万块坯。1979 年，辛寨村建起了一座轮窑（机窑），一圈可烧 10 万块红砖。

20 世纪 80 年代，私人窑业在辖区发展起来，刚开始多为人力打坯制瓦的小土窑。1986 年，辖区出现私人股份制的机窑场，一圈可装 20 万块机砖，机窑场需要 40 多个工人。80 年代末，孙拔庄、东漳东村、东漳西村、太平庄、万庄、辛寨等先后建起 30 多家机窑场，工人最多可达 2000 人。

2008 年起，因窑业毁坏土地和影响黄河滩区防汛，机窑场陆续拆除，2011 年镇区拆除窑厂 28 家。现在辖区已没有砖窑业。

乡镇企业

1958 年 5 月，中牟县东漳机械修配厂在辖区东漳东门外柿树园南边设立，也叫综合厂，该厂制造出小三耧、小五耧（播种时用的三条腿、五条腿木耧），并试制了面粉机。1960 年该厂停办。

1968 年，东漳公社在东村建起铁工厂，主要打造农用工具和农具修理，1972 年该厂停办。

1976 年，东漳公社创办纸箱厂，职工 50 人，占地 70 亩，刚开始生产纸盒，用于医药包装，销往药厂。后该厂业务扩大，由纸盒发展到纸箱，职工由 50 人发展到 110 人。后因市场疲软，生产下滑，1988 年该厂停产。

1978 年，东漳公社在东漳寨北边再次办起铁工厂，有电锤、刨床、铣床等机械，生产加工一些简单机械零件，制造一些农机具等，1986 年停办。

1980 年，东漳公社在铁工厂西院建起面粉厂，当时有职工 6 人，厂房 10 多间，中型面粉机 1 台，主要给群众兑换面粉、存放小麦。

特色企业

郑州雁鸣湖生物工程有限公司 2006年在杏街村东边创办，职工32人，固定资产500万元，主要生产雁鸣湖大蒜醋和无糖糖蒜，大蒜醋年产3000吨，年产值180万元。

雁鸣湖酒厂 1995年，杏街村集体投资50万元建起中牟县香稻酒厂，职工80人，年产白酒30万公斤，占地10亩。2004年更名为雁鸣湖酒厂，主要产品为雁鸣湖酒和杏街纯粮，产品销往周边各县市。2008年改为股份制，2011年固定资产160万元。2018年，该厂白酒产量10万公斤，产值600万元。

郑州容大食品有限公司 成立于2006年，总部位于郑州，是一家专业从事速冻食品创新技术开发和提供完整综合解决方案的科技型企业，集食品添加剂研发、生产、销售于一体。主要产品是无铝膨松剂、无磷保水剂、速冻米面制品改良剂。

旅游开发

雁鸣湖镇地处黄泛平原，随着人们逐步回归自然、崇尚天然意识的增强，都市人群开始习惯利用双休日、节假日休闲郊游，黄河沿岸的一些自然风景越来越受到都市人的青睐。

自 1999 年起，雁鸣湖生态风景区、观鸟林森林公园、中牟·国家农业公园、雁鸣蟹岛生态度假风景区、静泊山庄、沙窝森林公园等旅游景点成为雁鸣湖镇的旅游名片。

农业公园之三

农业公园之四　张亮　摄

水系、沙窝森林公园、雁鸣湖飞行体验中心等景点，镇域采摘园、垂钓园50余处，旅游餐饮住宿行业也得以规范和发展，走出了一条“以农促旅、以旅兴农”的农旅融合发展之路。

按照规划，雁鸣湖镇把旅游业作为引领第三产业发展的先导产业，充分发挥雁鸣湖景区和都市水乡的资源优势，做大做强旅游业，形成集水域、水镇、黄河、农业等景观，以及观光、游乐、度假、购物、商务会展、旅游房产等功能于一体的旅游综合体。利用旅游业产业关联度高、带动力强的特点，带动城镇商贸服务业、交通运输业、娱乐业、文化产业等多个行业的发展。

旅游景点

雁鸣湖生态风景区

雁鸣湖生态风景区位于黄河南岸，郑州新区西北部，中牟县北部，紧靠连霍高速中牟段出口和省道223线，南距郑开大道11千米。景区总面积32平方千米，2003年被评为国家AA级景区，规划定位为国家级生态文明示范区。

景区自然资源丰富。有森林面积9960亩、湖面4000余亩，有白鹭、大雁、天鹅、水鸭、野鸡等70余种珍稀鸟类栖息繁衍。

景区人文资源丰富。有固住寺、张僧塔、孔子回车庙遗址、汉丞相萧何墓、朱相公庙、赵德芳墓、九烈士墓等历史传说和人文古迹。

2001—2015年，景区每年举办雁鸣湖大闸蟹美食节，品尝大闸蟹、观赏自然风景、体验田园生活成为景区吸引游客的主要特色。

雁鸣蟹岛生态度假风景区

雁鸣蟹岛生态度假风景区位于雁鸣湖镇小店村境内，北靠连霍高速，南临郑徐高铁。景区占地3000亩，水域面积1000亩，林地面积2000余亩，创建于2015年10月。

景区凭借雁鸣湖原始自然风光及雁鸣湖大闸蟹的品牌优势，用AAAA级景区设计理念和建设标准打造集生态观光、休闲度假、游乐体验、拓展训练于一体的原生态旅游度假风景区。

景区游玩项目有：蟹岛沙滩、环岛游船、七彩旱滑、水上乐园、森林亲子乐园、花海漂流、水上自行车、水上竹筏、图腾水寨等。景区拓展项目有：沙滩摩托、射击运动、真人 CS、滑雪比赛、划船比赛等。景区观赏项目有：槐花林、野生鱼群、野生动物等。

木屋温泉和树屋温泉　雁鸣蟹岛景区拥有温泉资源，木屋温泉和树屋温泉为景区特色体验项目。树屋共 9 座，和周围的树林紧密环绕；木屋共 15 座，建在景区内的小岛上。每个树屋和木屋里都有独立的温泉泡池，每个温泉池可以容纳 3 ～ 4 人，在树屋或木屋里泡温泉，听着树上鸟叫，望着四周的湖水，是一种独特的体验。

雁鸣湖观鸟林森林公园

雁鸣湖观鸟林森林公园位于雁鸣湖镇南部，属国有中牟林场北林区，占地总面积 1000 亩，建有 2 千米健康步道、24 米高观鸟塔、百米科普长廊等完善的游憩设施，于 2019 年 9 月 30 日开园。

观鸟林森林公园地处我国三大候鸟迁徙中线通道的中心位置，周围有上万亩的雁鸣湖湿地和水域，园内常年湿度在 45% ～ 65%，负氧离子含量每立方米在 1000 以上，这里的湖草、森林、鸟禽、鱼蟹形成了良性共生的生态环境，为各种鸟类觅食提供了上佳的天然场所，吸引了无数鸟类在此栖息，“观鸟林”由此而得名。特别是每年秋冬鸟类迁徙季节，

雁鸣湖公园之一

雁鸣湖公园之二

观鸟林

都有数万只候鸟在此停歇、觅食、越冬。多年来，园区采取封闭管理，园内生态类型多样，动植物资源非常丰富。据统计，植物有 73 科 376 种，菌类 5 科 10 余种，木本植被主要有刺槐、杨树等。主要动物有 17 科 105 种，其中鸟类 78 种。

中牟·国家农业公园

中牟·国家农业公园北至运粮河，东南至丁村沟，西接雁鸣大道，三面环水一面临路。园区规划了农业种植示范园、优质水产养殖示范区、农业文化创意园、花卉高新科技示范园、精品果蔬示范园、综合管理服务区 6 个功能分区。

鹭鸣湖景观水系

鹭鸣湖毗邻雁鸣湖景区，位于雁鸣湖镇运粮河上游，湖面经常有白鹭嬉戏，故而得名“鹭鸣湖”。湖区水面面积为 56.1 万平方米。景区旅游资源极其丰富，有景观桥 8 座、亭榭 11 处、廊架 2 处，木栈道及平台 9465 平方米，绿化长度 6.5 千米，绿化面积 38.87 万平方米，生态护岸 18648 米。湖区珍稀鸟类栖息繁衍，各种水产资源也非常丰富，经过近年来的开发，鹭鸣湖已逐步成为雁鸣湖镇区和沿黄河旅游产业带上的重要一环。

鹭鸣湖

雁月湖

雁月湖景观属于鹭鸣湖水系治理工程的一部分，位于太平路和雁鸣湖大道之间的运粮河河段上，景观绿地面积约 50.64 万平方米。景观广场包含芦笛鸣晚、芦渚鸥鸣 2 个生态岛和近 20 个景观广场，如红霞映港、丁村码头、滨湖临风、虹桥探舟、临水听春、暮霞斜影、映台水畔、榭亭曲港、水镜月明、探门怀古、桥影寻踪、飞雁落洲、望水长天、碧波连堤、晚香船影、芳岛环径、雁月码头、春漫垂荫、柳偎暖坪等。

静泊山庄

静泊山庄位于雁鸣湖畔，是一座集旅游、餐饮、住宿、会议、娱乐、度假于一体的多功能园林。

静泊山庄依托雁鸣湖黄河湿地、森林、水资源丰富的优越自然条件，以徽派古建筑与苏州园林风格为主，全园 400 多亩水系把具有江南园林特色的风景融为一体，粉墙青瓦、层楼叠院、高脊飞檐、曲径回廊和谐组合，再加上亭、台、楼、阁、榭、坊交相辉映，构成小桥流水人家的别样情趣。其中静泊山庄的园中园，仿照苏州四大名园“拙政园”按一比一的比例建造而成，一步一景。山庄会议中心两侧，一边是稻田，一边是长满蒲苇的湖水，数百亩蒲苇绵延于碧波当中，沙鸥翱翔、锦鳞嬉水、灰鹤列队、鸳鸯传情。

静泊山庄

沙窝森林公园之一

沙窝森林公园

沙窝森林公园位于雁鸣湖镇小店村西南， 2014 年开园。该公园位于万亩槐林核心区域，绿荫环绕，鸟语花香，是以苗木种植、水果采摘、亲子游乐、自然教育、小型餐饮、住宿、咖啡和茶艺为主的休闲农业与乡村旅游园。农副产品朱固苹果和沙窝葡萄较受欢迎。森林亲子主题乐园受到孩子喜爱，是郑州亲子游的较好选择。

凌云温泉山庄

凌云温泉山庄位于雁鸣湖畔，中牟 · 国家农业公园内。建设有特色水景区、温泉疗养中心、江南小居、餐饮服务区。园区主要营造人与自然和谐的景观空间，创造一种回归自然、返璞归真的人居环境，实现观光农业、温泉度假、休闲养生的有机结合。凌云温泉的泉水富含 30 余种有益人体健康的矿物质微量元素，属低氡苏打型稀有温泉。

沙窝森林公园之二

凌云温泉山庄

雁鸣蟹岛

雁鸣湖飞行体验中心

该项目位于雁鸣湖生态景区境内，北临黄河，南距连霍高速中牟出口 3.5 千米。中心是集飞行体验、航空摄影、飞行培训、飞行器出售、托管运营等航空领域业务为主的专业性航空运动俱乐部，有游客中心、跑道、飞机机库、餐厅、商务综合楼、垂钓人工湖、自助烧烤区、帐篷宿营地、射箭场、电子飞碟射击场、休闲林中秋千等，可满足飞行体验、户外拓展、亲子活动、航空科普教学、商务会务以及钓、烤、玩、宿系列休闲娱乐活动。

旅游项目

雁鸣湖大闸蟹美食节

1999 年起，雁鸣湖景区周围的丁村、杏街、韩寨等村的多家农户养殖雁鸣湖大闸蟹，养殖水面达 5000 亩。大闸蟹成了雁鸣湖的重要品牌，到雁鸣湖的游客大多要品尝雁鸣湖大闸蟹。2001—2015 年，雁鸣湖景区每年举办一届大闸蟹美食节，以大闸蟹和生态游体验吸引游客，形成“文化搭台，经济唱戏”的美食节模式。美食节在国庆节前举办，带动辖区旅游经济发展。

2001 年 9 月 25 日，“2001 年中牟之秋雁鸣湖大闸蟹美食节”开幕。这是首届大闸蟹美食节，历时 2 个月，共接待游客 10 万余人次，其中十一长假期间接待游客 5 万余人次，3000 亩水面养殖的 5 万余公斤大闸蟹销售一空，销售收入 200 万元。

2002 年 9 月 30 日，“2002 年中牟之秋雁鸣湖大闸蟹美食节”开幕。美食节期间，雁鸣湖景区接待游客 12.7 万余人次，销售大闸蟹 16 万公斤，占同年大闸蟹总产量的 80%，销售收入 960 万元。

2003 年 9 月 30 日，“2003 年中牟金秋雁鸣湖大闸蟹美食节”开幕。美食节期间，雁鸣湖景区共接待游客 10 万多人次，销售大闸蟹 20 万公斤，销售收入 992 万元。

雁鸣湖大闸蟹　王颂　摄

2004 年 9 月 26 日，“2004 年中牟之秋雁鸣湖大闸蟹美食节”开幕，开幕式上，雁鸣湖畔两口直径 2 米的“中原第一蟹锅”一次出笼大闸蟹 300 余公斤，引来众多游客品尝。美食节期间，雁鸣湖景区旅游收入 2300 余万元（不含门票收入），其中旅游餐饮收入 1300 万元，大闸蟹、黄河鲤鱼、黄河大米、雁鸣湖酒等旅游商品收入 850 万元。

2005 年 9 月 25 日，“2005 年中牟之秋雁鸣湖大闸蟹美食节”开幕。除了大闸蟹品尝及销售外，雁鸣湖景区还组织了“扒花生、刨红薯”等活动。美食节期间，雁鸣湖景区接待游客 14.3 万余人次，景区综合旅游收入达 2345 万元，其中餐饮收入 1146 万元，大闸蟹等水产品收入 750 万元，农副产品收入 380 万元。

2006 年 9 月 24 日，“2006 中牟之秋雁鸣湖大闸蟹美食节”开幕，同时“2006 年度世界超级模特大赛”河南分赛区活动也在辖区启动。该次比赛的冠军得主被聘为雁鸣湖景区形象代言人。

2007 年 9 月 28 日，“中牟之秋・第七届雁鸣湖大闸蟹美食节”开幕。美食节期间，雁鸣湖景区接待游客共 15.5 万人次，旅游总收入 2505.8 万元。

此后至 2015 年逐年举办雁鸣湖大闸蟹美食节。

中牟农业嘉年华活动

2014 年 4 月，中牟县突出“以农兴旅、以旅助农”的“农业 + 旅游”的经营模式，在中牟・国家农业公园举办首届郑州中牟农业嘉年华活动。活动为期 17 天，共接待游客达 9.8 万人次，

雁鸣湖大闸蟹美食节

成为体现农业生产、生态、休闲、教育、示范等多功能于一体的都市生态农业盛会，与雁鸣湖大闸蟹美食文化节、中牟西瓜擂台赛并称为中牟农业三大主题活动。

2015 年 3 月，第二届郑州中牟农业嘉年华活动在中牟·国家农业公园举办，为期 67 天，入园游客累计 75 万人次，接待各类旅游团队 190 余个，园区企业及餐饮直接收入达 420 万元，带动周边农家乐增收 2000 万元。

2016 年 4 月，第三届郑州中牟农业嘉年华活动在中牟·国家农业公园举办，为期 93 天，活动以“追忆农耕年华·感受乡土风情”为主题，打造乡土风情、田园逸趣、欣欣向荣、花田故事、园艺生活五大主题活动，入园游客累计 98 万人次，累计接待中小学、幼儿园校外参观拓展达 80 余批次，安排旅游就业 400 余人，园区餐饮、住宿收益约 4500 万元。

休闲农业乡村游

雁鸣湖镇水清林幽、空气清新，生态环境优美，镇区种植业以小麦和玉米为主，莲藕种植业为辅，水林交融，农产、水产丰富，具有独特的田园风光。

中牟农业嘉年华活动之一　李永　摄

中牟农业嘉年华活动之二

中牟农业嘉年华活动之三

至2018年，镇区有采摘园、垂钓园等50余处，大闸蟹养殖合作社、果蔬种植合作社、农家乐协会等民间产业组织健康运行，已建成乡村旅游点10多个，雁鸣湖镇以现代都市农业为主题，结合绿色蔬菜、水产养殖、花卉苗木等各大主题农业园区建设，形成以“农家乐”“农庄”“精品园区”等休闲观光农业为主的乡村旅游线路。

水镇风情游

辖区围绕雁鸣湖、鹭鸣湖、归雁湖“三湖”核心带动效应，向外围拓展旅游空间，将北侧的沿黄生态旅游区、南侧的雁鸣湖生态示范区、中部的鹭鸣水乡休闲度假区以及外围的农业空间串接成有机整体。同时结合雁鸣湖新镇区的建设，通过打造市井旺肆、水陆通衢、郊野春光三大风情区，形成中原水镇风情游览线路。

黄河风情游

雁鸣湖有原生态的自然风光和独特的珍稀鸟类品种，现有 78 种水鸟、80 多种草本植物、30 多种鱼类，草多林密，形成了林草、鱼类、鸟类共生的完整的黄河湿地生态系统。

近年来，辖区依托黄河岸线资源，结合沿黄生态区的建设，开展以黄河自然景观为依托，以观潮、观河、休闲娱乐和生态环境保育为主题的多种形式的黄河风情游览项目。

黄河风情游

旅游服务

餐饮住宿

2018 年，雁鸣湖镇有酒店 50 余家，其中星级酒店 3 家，分别是静泊山庄、秀园酒店、凌云温泉，酒店床位数 1600 张。另外，森林树屋酒店、江南水乡别墅别具特色。

镇区成立农家乐协会，规范行业管理，至 2018 年，农家乐协会会员店 30 个，非家庭型餐饮服务设施 29 个，家庭旅馆（或农家乐）床位约 200 张，非家庭型餐饮服务设施年接待能力 8 万人次。

雁鸣湖旅游设施之一

旅游交通

前往雁鸣湖镇旅游多为自驾游、一日游、散客短途游，镇区主要景点均可驾车顺利到达。

旅游服务中心

全镇有游客服务中心 1 个，位于雁鸣湖入镇景观处。服务中心集整合资源和服务游客于一体，包括游客接待前台、游客休息区、旅游资源和旅游特产展示区、会议室、办公区、监控室、公共厕所、停车场等功能区，免费为游客提供导游咨询、服务预订、信息发布、投诉受理、应急救助、休息寄存等服务。

雁鸣湖旅游设施之二

旅游特产

雁鸣湖大闸蟹 雁鸣湖大闸蟹养殖采用无公害标准化生产模式，依托雁鸣湖的优良水质，出产的大闸蟹青壳白肚，个体强壮厚实，蒸煮后呈橘红色，口味鲜甜，黄实膏满，受到游客欢迎。

雁鸣湖生态稻米 雁鸣湖土质肥沃，土壤中富含微量元素，引黄河水种植的生态稻米，米粒晶莹剔透、香甜筋道。

雁鸣湖糖蒜 采用优质中牟大蒜，纯手工制作，传承民间配方，酸甜可口，是佐餐美味。

朱固苹果 果形端正，脆甜可口，含糖量高，可形成糖心，抗氧化、耐储存，是果中佳品。

雁鸣湖黄河大鲤鱼 黄河鲤鱼养殖历史悠久，《诗经》有“岂其食鱼，必河之鲤”的诗句。由于黄河特有的水质和中牟的地理环境，中牟黄河鲤鱼表现为金鳞赤尾，色彩艳丽，外形美观，肉质细腻，营养丰富，俗称铜头铁尾豆腐腰，历史上曾作为贡品，列为中国四大名鱼之首。

雁鸣湖大蒜醋 食醋和大蒜各自都具有很多保健功能，融为一体后，其药用、保健功

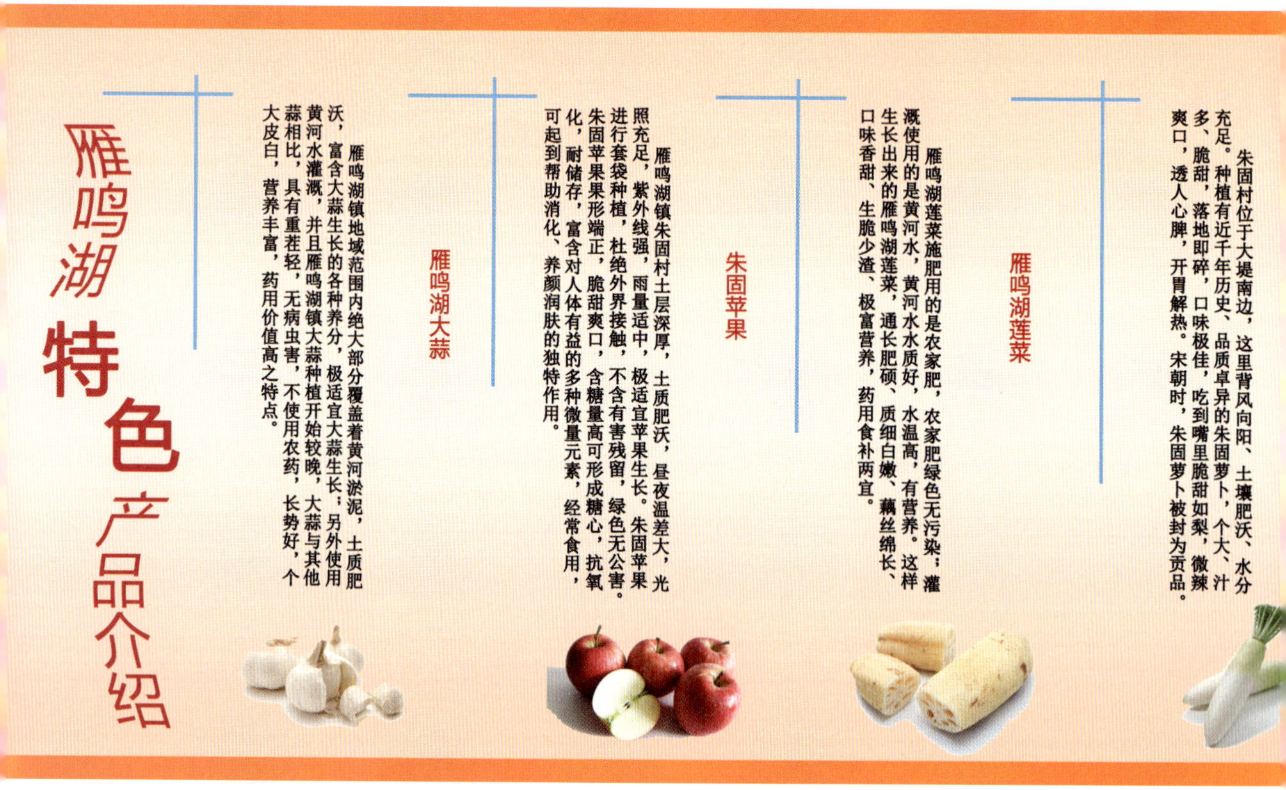

能更突出。雁鸣湖大蒜醋酸味柔和，蒜香纯正，食后无异味。

东漳瓜豆酱 东漳豆酱香味浓郁，可直接食用，亦可与各类主食同时食用，特别是馒头蘸酱，味道独特。

朱固萝卜 主要出产于朱固村，个大皮薄，吃起来脆甜，是中牟名特产之一。

旅游收入

2016年国庆长假期间，雁鸣湖镇接待游客35万余人次，旅游总收入5100万元，农产品收入520万元，餐饮及住宿收入3930万元，大闸蟹销售收入650余万元。

2017年，雁鸣湖镇接待游客55万人次，旅游总收入8904万元，旅游从业人员4200人。其中“双节”期间接待游客38.5万人次，旅游收入5610万元，大闸蟹销售收入890万元，餐饮及住宿收入4110万元，农产品收入610万元。

至2018年，雁鸣湖镇接待游客累计160万余人次，旅游收入23904万元，旅游从业人员8230人。

雁鸣湖镇旅游特产

生态保护

2012年，雁鸣湖镇推进生态水系建设清障工作，运粮河水系下游涉及朱固村、东漳东村、韩寨村的清障工作基本结束。

2013年，继续推进生态水系建设清障工作，运粮河水系上下游涉及的1800亩、小雁河涉及的512亩清障工作结束，下游水系景观建设完工。是年，雁鸣湖镇被评为省级生态镇。

生态雁鸣湖

2014 年，雁鸣湖镇围绕“将雁鸣湖打造成为现代、亲水、生态的宜居新城”目标，推进水系建设。

2015 年，运粮河水系、小雁河下游水系景观建设完工。

2016 年，雁鸣湖镇以“培植支柱型旅游产业、田园型新城镇建设、生态型现代农业”为目标，倾力打造中原特色水镇。

2017 年，雁鸣湖镇挖掘特色，打造亮点，以特色旅游为引领开启宜居田园城镇建设新模式。

运粮河水系建设工程

运粮河发源于雁鸣湖镇九堡村，流经雁鸣湖、狼城岗两乡镇，在开封县大李庄乡、四合庄西汇入涡河。运粮河全长53.27千米，中牟境内长15.6千米，流域面积112.9平方千米。

2011年，中牟县将雁鸣湖镇东南部确定为中牟·国家农业公园核心区，重点发展观光休闲农业，此区域西至雁鸣大道，东和南至丁村沟，北至运粮河，三面环水，一面为路。

2012 年，中牟・国家农业公园河道综合整治工程实施，该工程涉及运粮河雁鸣大道以下 4 千米的河道综合整治，设计标准为 5 年一遇除涝，20 年一遇防洪。主要建设内容为河道疏挖、堤防填筑、景观水闸、滨水景观工程和生态修复工程。工程总投资 2.28 亿元。

2013 年，根据中牟县雁鸣湖镇新镇区总体规划，运粮河水系建设中的雁月湖水系治理工程实施，该工程位于运粮河上游，工程涉及雁鸣大道以上 4.27 千米的河道疏挖、湖面开挖及生态景观建设。

运粮河之一

2014年3月，运粮河水系建设中的鹭鸣湖水系治理工程开工，2015年5月完成全部建设任务。鹭鸣湖水系工程新建景观30余处，治理长度6.5千米，水生植物和岸坡绿化40余万平方米，新扩水面900余亩。工程完工后通过新开挖小雁河与南边雁鸣湖相连，下游与农业公园水系相通，在这一区域形成了9600亩的生态水域。是年，运粮河水系建设工程全部完工。

鹭鸣湖工程的建成连通了雁鸣湖和农业公园水系，并通过赵口总干渠和东干渠进行双渠道补水，不但涵养了地下水源，又使区域水功能有机结合起来形成体系，提升了生态保护和生态修复能力。

运粮河之二

旅游规划

发展定位

围绕雁鸣湖、鹭鸣湖、归雁湖“三湖”核心带动效应，向外围拓展旅游空间，将北侧沿黄生态旅游区、南侧的雁鸣湖生态示范区、中部的鹭鸣水乡休闲度假区以及外围的农业空间串接成有机整体，增强雁鸣湖镇旅游的区域综合竞争力，重点打造“雁鸣湖”和“鹭鸣水乡”两大品牌。

将雁鸣湖镇打造成中原地区集景区、水镇、文化、生态、特色农业旅游于一体的旅游综合体，国家级旅游度假区。

功能构成

功能有生态观光、乡村旅游、古镇游览、文化体验、休闲度假、运动健身、商务会展、科技研发、旅游房产、商贸购物等。

旅游空间布局

规划形成“一心、两线、三湖、四板块”的空间结构。

一心：镇区综合旅游服务中心，承担雁鸣湖镇的主要综合接待功能。

三湖：以雁鸣湖、鹭鸣湖、归雁湖三大湖为主体的旅游景区。

四板块：现代都市农业板块（农业休闲）、沿黄生态板块（黄河风情、生态观光）、雁鸣湖生态示范区板块（休闲康体）、鹭鸣湖板块（水镇风情）。

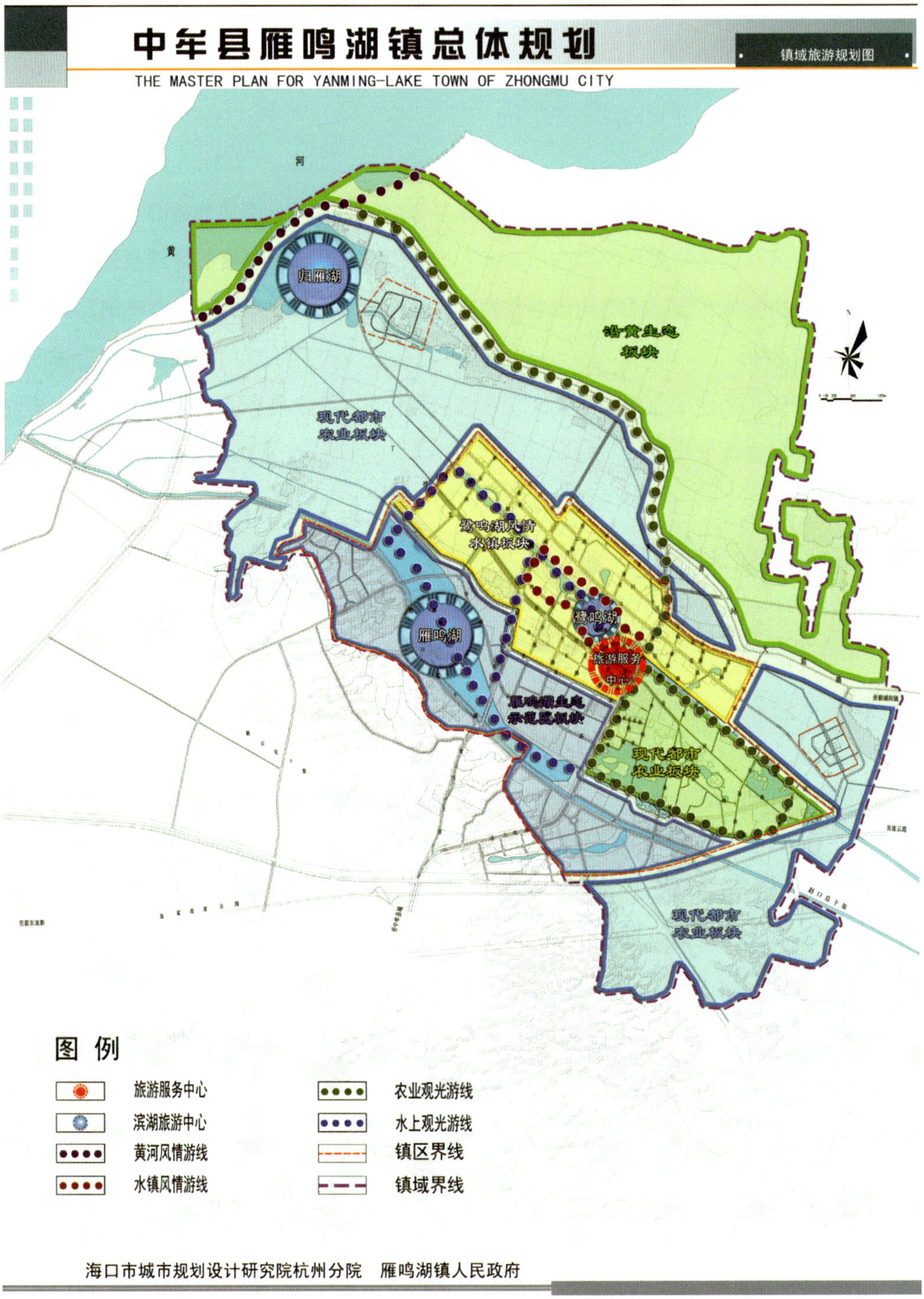
中牟县雁鸣湖镇总体规划
镇域旅游规划图
THE MASTER PLAN FOR YANMING-LAKE TOWN OF ZHONGMU CITY
黄
河
归雁湖
沿黄生态
板块
现代都市
农业板块
鹭鸣湖风情
水镇板块
鹭鸣湖
雁鸣湖
旅游服务
中心
雁鸣湖生态
示范区板块
现代都市
农业板块
现代都市
农业板块
图 例
旅游服务中心
滨湖旅游中心
黄河风情游线
水镇风情游线
农业观光游线
水上观光游线
镇区界线
镇域界线
海口市城市规划设计研究院杭州分院 雁鸣湖镇人民政府

镇域旅游规划图

文物胜迹

雁鸣湖镇的先民们用自己的双手和智慧创造出了丰富多彩的历史文化。雁鸣湖镇由于地处中原，北宋时为京畿地带，又邻近汴河,在历史的长河中曾遗留下很多文物古迹，但因为黄河多次决口，大量的古迹和村庄被冲没，仅留下少量的遗迹遗址。

孔子回车庙

《史记》中关于孔子在中牟“回车”的记述称：“佛肸为中牟宰，赵简子攻范、中行，伐中牟。佛肸畔，使人召孔子，孔子欲往。”《孔丛子》一书中也记载称：“孔子在卫国时，晋国大夫赵鞅（赵简子）派信使邀孔子去晋国辅佐君王。”晋国居黄河之阳，孔子从卫国前往晋国时，途经大梁（开封）祥符地，西至祥符界的中牟北 30 里南岩村。闻知赵简子忘恩负义杀害了晋国两位贤大夫窦鸣犊、舜华，孔子叹曰：“赵简子不仁。”便不再过河前往晋国。孔子临河叹曰：“美哉水，洋洋乎！丘之不济此，命也夫。”便决定由此回车，原路向东返回卫国（开封以东的仪封便属卫地）。这就是孔子在中牟北南岩村回车及后人修回车庙的原委。《孔子回车庙传说》2008 年 4 月被列为郑州市非物质文化遗产。

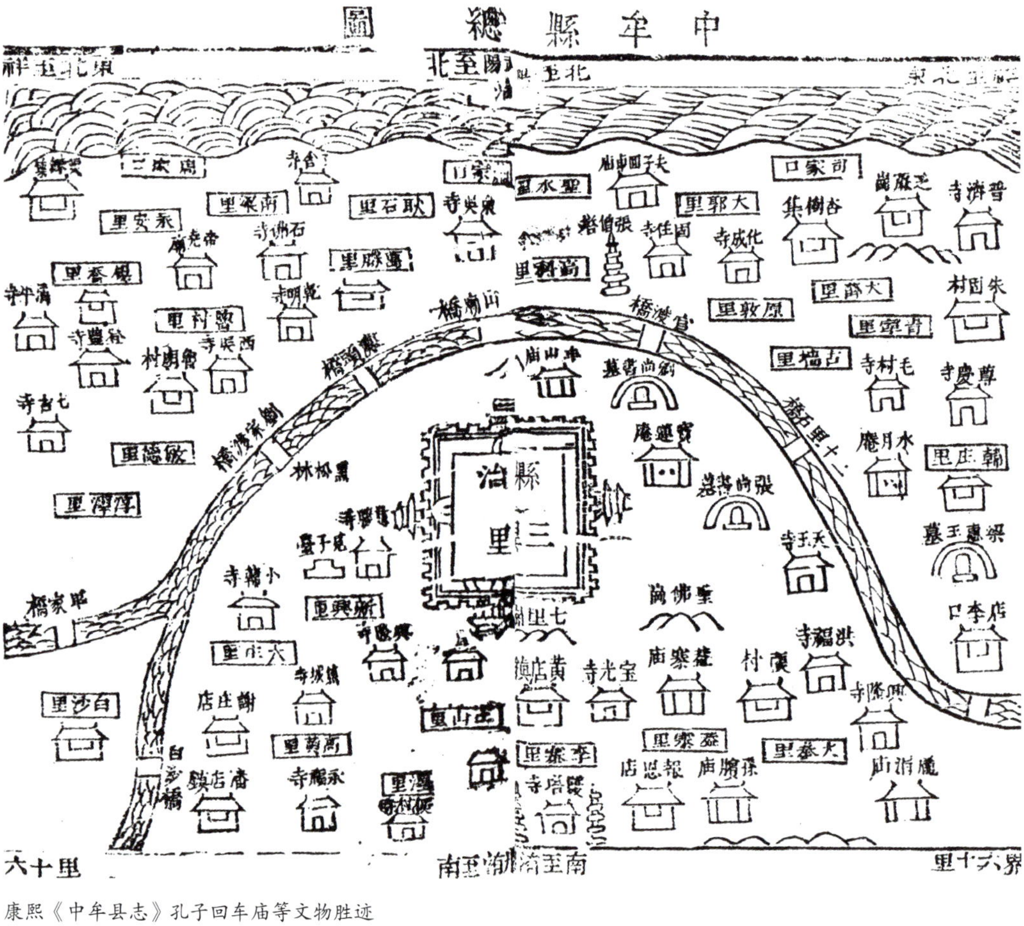

康熙《中牟县志》孔子回车庙等文物胜迹

据记载，周秦时期（约公元前 200 年）圃田泽二十四浦图上就有“夫子回车处”，和南岩村古有一通石碑上刻有“孔子回车辙处”相符。窦耳撰《重修孔子回车庙碑记》曰：“……肇建庙宇莫考何代。明季知县陈幼学重修……”

孔子回车雕塑

南岩村孔子回车庙清朝初期被洪水冲毁，于清同治六年四月在东漳村改建。

约在民国七年至十一年间（1918—1922年），徐世昌任民国大总统期间，为东漳孔子回车庙题写了匾额。他是应东漳村秀才校秉仪（字鄂臣）所邀亲笔书写的。东漳村学士们将“过化存神”制成金匾，悬挂于孔子回车庙正大殿中央。现“过化存神”匾额已不存。

中华人民共和国成立后，孔子回车庙改为东漳小学，后改为东漳中学，1970—1980年，孔子回车庙被全部拆毁，改建为教学楼。

东漳村孔子回车庙原址前后曾有8棵柏树，有东西厢房和一个大殿，门口有狮子两座。现已损毁，只剩古柏树一棵。

东漳“永固寨”

清咸丰年间，为保护治河机构和村中百姓的安全，避免匪患的侵袭，在中河厅通判徐恩穆官员的倡议下，东漳村首富武举万恒昌出面，并捐巨资，联络村中商贾和富户，带领全村群众打井、烧砖、堆土夯砌，于清咸丰元年（1851年）至咸丰十一年（1861年）十年工夫，建起了周长七百余丈、高两丈余的东漳寨。

东漳寨的大部分外墙是用砖垒砌的。西门、南门为小门，门口宽约5尺；东门、北门为大门，宽约1丈，寨墙外挖有护城濠，寨墙东南角上方建有壮观的魁星楼。东门和北门正上方均有用青石镌刻的“永固寨”三个正楷大字，门洞上方分别悬挂有“惠我无疆”“惠我黎庶”金匾。其字由村大儒刘祥庆所书。由于万恒昌对筑寨有功，公众一致推举他为东漳“永固寨”寨主。

东漳寨的筑建为发展东漳村经济，保护全村人民生命财产安全曾起到了重大作用。1958年因抗旱打井，拆除了东漳寨。

古渡口

九堡渡口

九堡渡口位于九堡村北大堤沿下，紧邻黄河，对岸渡口是温堤、孙堤口。古时常有船只摆渡，二十世纪六七十年代此渡口最为活跃，河南岸到河北岸卖芦草的架子车辆多在此渡口乘船过河，每条船可载十多车芦草和人员。80 年代渡口逐渐萧条，至 2011 年仍有少量船只来往，多是夏秋农忙季节到河南岸务工人员乘坐。现已不存。

东漳渡口

东漳村正北黄河沿是一处流水口，原为北岸农民在南岸种地，往来运送农具和庄稼的口岸。1979 年黄河南徙，北岸的土地被河水淹没，渡口随之消失。

九烈士墓

九烈士墓为纪念 1945 年 9 月 13 日原中共阳武县第五区（东漳区）副区长孙成志、政委孙月新等 9 位革命干部在东漳一带开展工作时遇难而修建。现九烈士墓遗址尚存，中牟县烈士陵园亦有九烈士墓。九烈士墓遗址于 1985 年被中牟县政府定为县级文物保护单位。

附：孙成志等九烈士事迹 孙成志，又名孙竞成，生于 1917 年，卒于 1945 年 9 月 13 日。郑州郊区人，1945 年任原阳县第五区（东漳区）副区长时，在一次战斗中被俘，惨遭敌人杀害，同时被杀害的还有孙月新等 8 人。

孙成志小时在黄庄读书，16 岁下学后在家种地。

1938 年夏末，国民政府下令扒开花园口黄河大堤，河水向东南淹没十多个县。原阳与中牟县东漳之间的故道成了一条干河。当时阳武县委积极组织把抗日工作推向老黄河以南。

孙成志出身于劳苦家庭，以打柴卖草为生，到阳武县卖草，时常听到共产党的抗日宣传，知道了共产党是抗日的组织，激发了他的革命热情。后来他主动靠近组织，反映日寇在中牟县活动的情况。中共原阳县委领导人卞城和党员银友贤来到孙成志家里，给他讲穷人怎样才能不受苦和为什么要抗日的道理，支持他参加抗日活动。

孙成志在卞城和银友贤的引导下积极参加了抗日工作，并利用“永定庄”古会，公开向群众宣传共产党的抗日政策，讲抗日的意义。不久他参加了阳武县地方武装，在来童寨、杨桥、董岗、茶庵一带打游击。

1945 年 4 月底，阳武县委决定要进一步巩固扩大游击区，把杨桥、东漳及其附近的村庄划为阳武县第五、第六区，并由银友贤和孙成志两人分别担任两个区的区长。后来随着形势的变化，两区合并为一个区（第五区），由孙月新任政委、银友贤任区长、孙成志任副区长，在来童寨、杨桥、董岗、东漳一带进行活动。

1945 年 9 月 13 日，孙成志等 9 位同志在抗日活动中遇难。为了抗日事业，一腔热血洒在为之奋斗的大地上。

特色文化

雁鸣湖镇紧邻黄河，其独特的打硪方式形成了特色鲜明的黄河打硪号子，而狮子舞、旱船舞、高跷等一些传统的民间文艺活动又在当地融合和演变，逐渐形成了“火神爷会”和“灵官爷会”玩艺会。

进入 21 世纪后，雁鸣湖地区的文化又随着时代发展变化，形成了自己独有的特色。

LOCAL RECORDS OF YANMINGHU

黄河打硪号子

打硪号子是打硪时为了统一步调、鼓舞干劲、宣泄情感而唱的民间歌谣，据传已有三百多年的历史，主要流传在中牟县北部沿黄地区的狼城岗、雁鸣湖和万滩一带。

“硪”是砸实地基的一种劳动工具，通常是一块圆形石头或铁制的饼状物，周围系着几根绳子，一般由10人操作。硪原来主要用于盖房时夯实墙基，后扩展于构筑堤防。硪和夯都是砸实地基的工具，但二者形状不同，操作方式差别也很大。夯上有把，可由头人扶把掌控方位，而硪无把，进退、左右、轻重等全凭10名打硪者默契配合。另外，夯的分布比较普遍，全国各地都有，硪则为中牟县沿黄地区所独有。

黄河打硪号子是劳动人民野外劳动时所唱，它集中反映了黄河儿女在劳动生活中坚毅、粗犷的精神风貌。打硪号子旋律朴实，速度基本无变化，节奏较为缓慢而无伴奏。号子一般都不长，且以语气助词为主，内容比较简单，曲调也不复杂，音域不宽，一般不超过十度。从审美上说，黄河打硪号子古朴、苍劲、粗犷、豪迈、坚毅，是黄河儿女生命形态的体现，具有很高的审美价值。

黄河打硪号子　李焱　摄

清乾隆二十六年（1761年），乾隆皇帝命大学士刘统勋、协办大学士兆惠驰驿于黄河施工处（即今中牟县杨桥堤口）治理黄河，构筑堤防。他们以工代赈，广泛动员民工上河堤打硪，打硪活动遂大发展。解放后黄河复堤时，曾上了120盘硪，工地绵延数里。打起硪来，号声、硪声混成一片，场面极为壮观。

目前，中牟一代保存比较完整的黄河打硪号子有《老号》《下路窜》《二八号》《宣圈号》《小桩号》《把门号》《小窜号》《弯号》《江南号》《钉缸号》《抓号》《闷响》《对花》《大窜号》等。

东漳玩艺会

民国期间，东漳乡南北头有两个玩艺会，北头的叫火神爷会，南头的名为灵官爷会。开始只有狮子、高跷、小车、旱船等表演，后陆续增添了小竹马、抬老四、张公背张婆、倒骑驴、玩龙灯等节目。东漳玩艺会的演练从农历正月初一开始，整天锣鼓喧天。正月十四至十六正式表演。一般是狮子舞在前，其他节目在后，正式表演期间，两班玩艺会各走一路，边走边演，要把大的街道都走过一遍。

狮子舞

狮子舞由3人表演，另有大鼓、大锣、大铙、大镲等乐器助威。表演时，两人一前一后身披狮子皮，另一人身着武士服装，右手拿着绣球，同时吹口哨。狮子舞表演时常用一个长凳做道具，狮子翻滚跳跃、站立绕转、静动观望，十分精彩。高空舞狮则是用三张方桌叠起来当道具，狮子跳上顶端的桌子，威猛跳跃、左扑右闪、前仰后立，动作惊险、扣人心弦。在桌子上舞耍后，狮子从高空旋转而下，常引起观者一片喝彩。

旱船舞

旱船舞服饰道具有船桨、撑篙、彩旦戏衣、老生及武生戏衣等。旱船一般用轻质的木条扎成船型，用绸缎彩布把船四周围起来，表演时演员把旱船背在双肩上。由于船面被彩绸遮盖，演员走动起来就像坐于船上在水面划行。

旱船舞

旱船舞表演一般有跑场子、摆画面、亮把子等。演员中一般有坐船女和手持船篙的撑船老汉，坐船女有跑步、碎台步、蹲步、慢步、搓步等动作，老汉则模仿船夫，有起锚、开船、拨水、波浪行、卧船、翻身、跨船、下篙等动作。坐船女和撑船老汉密切配合，表演加上唱腔，颇受欢迎。

旱船舞的表演节目多为《打渔杀家》。

高跷舞

高跷舞表演所用的高跷一般由两根粗木棍组成，木棍中间固定有脚踩的短横棍或木块，表演者表演时将小腿绑在木棍上行走，演员根据节目内容穿各式服装并手持道具。

盘鼓

高跷舞大多都有戏剧情节，有民间传说故事，也有根据时代需要自己创作的节目。也有单纯表演单叉、双叉、磕腿、翻身、鹤立等高跷技艺的。

玩艺会表演的高跷节目有《瞎子观灯》《捕蝴蝶》《唐僧取经》《八仙过海》等。

盘鼓队

2000 年后，群众生活富裕，各村都组织开展文化娱乐活动，建立文化大院，成立村盘鼓队。

东漳盘鼓队于 2006 年成立，时有队员 21 名，盘鼓 16 盘、大镲 4 盘。每年春节、元宵节期间，盘鼓队都举办活动。村中人家办喜事，盘鼓队也前往庆贺。

2007年，盘鼓队代表雁鸣湖镇参加郑州市第九届民间文艺活动大赛，获优秀奖。2009年，在郑州市民间文艺表演活动中，盘鼓队获市委宣传部、文化局一等奖。2010年，盘鼓队在中牟县文化局举办的“文化大院盘鼓赛”中获三等奖。2011年，盘鼓队在中牟县“春满中牟”盘鼓赛中获二等奖，县文化馆奖励整套盘鼓，盘鼓队由一个队扩充到两个队。

秧 歌

中华人民共和国成立初期扭秧歌已经在东漳一带广为流传，扭秧歌成为当地群众在节日期间重要的文化活动方式。20世纪50年代，东漳一带就成立有秧歌队。五六十年代时，东漳乡有用秧歌队、腰鼓队迎娶的。70年代起，秧歌一般在春节、元宵节等传统节日上表演。

进入21世纪之后，秧歌多数在庙会或其他群众聚会活动中表演，仍深受群众欢迎。

风土民情

一方水土养育一方人，一方水土造就一方产物。千百年来，雁鸣湖这方水土养育了勤劳能干的人民，人们在日常生活中从追求吃得饱到吃得好，一些名小吃、特产逐渐形成，生氽丸、飞刀肉片、咸兔肉等小吃颇有名气，瓜豆酱、朱固萝卜等土特产独具特色。

雁鸣湖镇和其他地方有共性的民风习俗，也有其独特的生活习俗，且随着时代的变化而变化，留下社会发展进步的烙印。

LOCAL RECORDS OF YANMINGHU

美食小吃

马家馍

1940—1960 年，马义堂、马金堂弟兄二人蒸的白馍（馒头）好吃，在东漳集市上卖馍的数他们最有名。他们家蒸的馍面硬，和出的面盘的遍数多。面团手工搓后，平放于面案上，上笼时再进行略搓，馍出锅后都是高桌形，名为高桌馍，吃起来一层一层的，馍香扑鼻。

古家锅盔馍

解放前，古堂家打的锅盔馍和烧饼在东漳集很有名气，后技艺传至其子古世荣、古世杰弟兄。

胡辣汤

张老大家洗的胡辣汤面筋长、味道好，在外边出摊赶会，他们家胡辣汤面筋可跟粉条比长。后来还有陈老四、褚家的胡辣汤，吕鼎新家的胡辣汤都名享一时。

吴家生氽丸与飞刀肉片

旧时吴进礼及其侄儿吴好义做的生氽丸（名曰“炮打月亮”）堪称一绝。吴进礼的飞刀肉片，片薄如纸，炒出来鲜嫩可口。吴好义的厨艺在县服务公司颇有名气。

金其贤、冉守臣（冉三）的水煎包

旧时东漳集上金其贤、冉守臣两家的水煎包很有名。其水煎包煎煎涮涮，小磨油灌灌，外焦里香，吃起来满口流油。

冉守臣、闫成恩的双批油馍也是东漳集上有名的小吃。辛明山、陈启太的油馍杠享誉东漳。

丁世雷的咸兔肉

解放前后东漳西村丁世雷制作的咸兔肉比较有名。他煮的咸兔肉下的料重料全，老汤不断，鲜兔肉经过多天风干，煮出的兔肉格外有味，加上他的叫卖声洪亮，很多人都爱吃他家的兔肉。后又传至李广新，李广新制作的咸兔肉、炒的花生仁也都别具风味。

刘锡弼糕点酱菜铺

刘锡弼，东村人。他家的点心和酱菜在东漳集上数得着，前店后作坊。刘锡弼自年轻时就在开封“老五美家”学艺，学成回村，自办点心酱菜铺，制作的点心远近闻名，酱菜更是别具风味，深受众人喜爱。

土特名产

东漳瓜豆酱

东漳瓜豆酱历史悠久，是远近闻名的特产。

瓜豆酱是一项纯手工的传统手艺，制作时间在三伏天，由黄豆、食盐、西瓜等原料酿制而成，酱香纯正，清香微甜，百吃不厌，是佐餐佳品。

原料：西瓜，要完全熟，沙甜薄皮西瓜最佳；黄豆，要饱满、无霉烂变质颗粒。

煮豆：将黄豆煮熟，完全保持黄豆的颗粒状态，火候稍大为宜。

拌面：黄豆煮好后，捞出，边控水边拌面。水控好后放到簸箕里，撒上白面，上下簸动，使每颗豆粒均匀滚上白面。

捂豆：首先准备好一个捂豆的地方，要求能保温而不透风。预备好一些麦秸秆或是锯末铺在地上（用来给豆子制造温度），再在上面铺上一层袋子或是厚一点的纸，将滚好面的豆均匀地摊在纸上，上再铺一层白纸，纸的上面再盖上棉被，开始捂豆。捂豆中不许掀开棉被观察，以防温度散失，这时正需要高温捂豆。

晒豆：三天后，闻到很重的霉味，说明豆已捂好，掀开纸与棉被，这时豆面上有厚厚的一层褐黄色的茸毛（霉菌），豆子之间黏黏地粘连着。将豆取出摊在阳光最好的地方开始晒豆，将豆晒干。

搓豆：豆子晒干后轻轻搓去豆面的绒毛，用簸箕簸去杂质。

下缸：最好在室内，将簸好的豆放入缸内，西瓜去皮捣烂和食盐一同放入缸内，搅拌均匀。

晒酱：下完缸后盖上白布，用绳扎好口，放到太阳充足的地方开始晒。晒实际也叫发酵，下缸的第二天，视酱的稀稠加入花椒、茴香、大料熬制的水。下缸第三天酱面向上鼓起为明显发酵状态，随之酱味开始逐渐浓郁，酱色开始加深为黄褐色。视发酵将结束时加入姜丝或姜片，有的还加入煮熟的花生豆。

搅酱：每天早上或晚上搅酱一次，搅酱最好上下翻搅，约一个月即可食用。

朱固萝卜

朱固萝卜久负盛名。朱固萝卜个个都是露八分（地上 8 分，地下 2 分），酥脆如梨。朱固萝卜有祛寒止咳、透心醒酒之功效。用朱固萝卜熬汤，汤水白嫩、鲜美，其他的萝卜比不了。

朱固萝卜大、脆、甜是因为该村的土地极好所致。据说以前只有在大堤南边堤弯里、背风向阳、土壤肥沃、水分充足的 400 多亩地里才能长出品质这么好的萝卜。朱固村的萝卜地在当时被称为中牟县“一等地”。

刘家醋

刘允中 1903 年出生于东村，10 岁时就到开封五美酱菜铺当学徒。20 岁艺成，回乡自办醋坊。刘家制醋手艺连传三代，醋色好，酸不倒牙，酸中透甜，香味醇厚，爽口不涩，过夏不变质，又名五香醋。

生活习俗

婚姻习俗

在封建社会，婚姻风俗讲“门当户对”，男婚女嫁遵“父母之命”和“媒妁之言”，有“嫁鸡随鸡，嫁狗随狗”之说。中华人民共和国成立后婚俗随时代不断改革。

提亲（说媒） 旧时寻媒定亲，常有媒人登门说亲。经双方相互了解，门当户对，情况大致相同者，双方父母又同意说亲，就请人给“合命”，也叫合“八字”——农历生时年、月、日、时辰、天干、地支的8个字。“大相”“八字”无相冲、相克，两家同意联姻，就准备定亲。

1950年，《中华人民共和国婚姻法》颁布，废除旧婚姻习俗，男女婚姻自由，有亲戚朋友给介绍对象，也有青年人自谈恋爱找对象的。

定　婚 一般由介绍人先给男女双方家长和本人介绍情况，双方有意时，让暗相一下，由介绍人创造见面条件，利用看戏、串亲戚等机会让男女双方互相“偷看”对方长相，一般不说话。看后如果满意，再“小见面”。“小见面”是媒人陪伴女方到男方看家底，进一步相互了解。双方若都没意见，男方送女方小礼品和少量定亲礼金，并商定大见面，即定婚。

结　婚 “看好儿”。旧时由男方请有文化的乡绅、秀才或教书先生根据男女双方生辰八字选定“吉日良辰”，称“看好儿”。“好儿”写在朱砂印字的红纸上。内容有：结婚“吉日”，娶时女方面向何方上车等。如今，“吉日”择定新旧皆有，新“吉日”有“五一”“十一”“元旦”，农历每月逢六、逢十等。

“送好儿”。“送好儿”要选好日子，一般前半年结婚是二月初二，后半年是六月初六、十月初十。选好日子后，把“好儿”帖装进用红纸糊的大信封内，放入钱袋；带上“礼品”（两身棉衣料、糕点、喜糖等），压“好”钱（数百元、上千元不等），由媒人送往女方家，并把男方所定结婚详情告知女方父母。

“送嫁妆”。嫁妆是女方陪送闺女出嫁的衣物、家具等。在结婚前一天或结婚当天的早晨送到婆家。

娶亲。娶亲时男方有娶女客（从前为1人，现在是2人），娶女客带1个夹包袱小男孩，男娶客若干，放炮的若干；女方有送女客，并带夹包袱小男孩，男送客若干，一般为双娶双送。

娶车（轿）回到家门口时，新娘下车，由架女客搀扶着蒙着红盖头的新娘走至天地桌前拜天地。

晚饭后，男女老少到新郎家打闹、嬉戏，名曰“闹洞房”。夜深人静，新郎端四样菜，一壶酒夫妻共饮“交杯酒”。

婚后第三天夫妇“回门”，也叫“回面”，此日岳父母家待以贵宾之礼，设丰盛酒筵招待。

生诞喜庆

做九儿 生孩子称“得喜”。孩子生后先给岳父母家报喜，生男孩岳母给缝个围嘴兜些鸡蛋，生女孩做块尿布兜些鸡蛋（男孩为双数，女孩为单数）让女婿带回。3天后岳母给做一身小棉衣和帽子，兜些鸡蛋，用竹篮抿着去看望女儿和外孙（女），商量做九事宜。一般男孩生后12天、女孩9天做九儿。近年又兴做满月九、百天九。做九儿时乡邻、亲朋都送“礼”，以前送鸡蛋、白面，小孩衣物或花布等；小孩姥娘家送得更多，有衣服、玩具、小车、鸡蛋、红糖、布料、被子等。新世纪以来，送礼多以红包（钱）代礼，主家备“酒宴”，感谢亲朋好友。

祝　寿 为老人过生日称祝寿。一般60岁“起生”。民谚曰“人活六十六，年年吃块肉”。此后每逢老人生日，儿女们要给长辈“做生”，送生日寿糕、肉、点心等，并设宴庆贺。新世纪以来，祝寿早，形式大，亲朋乡邻前往“祝寿”。子女们设寿宴，也有在酒店摆寿筵的，个别还有请戏班唱大戏庆家里老人八十、九十、百岁的。

丧葬礼俗

报　丧 老人亡后，其长子守灵，派人往娘舅家报丧，并分别讣告亲友。次子由长辈带领，到村里叩头请殡葬所需之人。

家　祭 亦叫“堂祭”，在出殡前一晚上举行，阖家亲族晚辈及宾客按男女、亲疏、辈分依次致祭，礼乐吹奏，直至深夜。当天要宴请所有参忙者，叫预席。

吊　唁 出殡当天乡亲、亲戚、朋友吊唁。

吊唁时，抬桌的摆好供礼，响器奏乐，大厅老总喊“客拜”，灵前执客接着喊“请”了。祭吊者上灵前祭奠，一般是九叩礼、巧十三，个别的也有二十四拜。

出 殡 一般“一七”（即七天）出殡，也有“排五”（五天）或“排三”（三天）出殡。

圆 坟 殡葬后第二天，孝子到坟前致祭，并向坟上添土、封圆。“三七”“五七”和一百天还要到坟里烧纸祭奠。

庙会集场

辛寨村庙会设在每年农历四月初八，每年逢会必唱3天大戏。会间进行各种商贸活动，有农用生产资料、日常用品、餐饮食品等物资，远近数十里的商贩和村民参加。商贩们招揽生意，村民们赶会串亲戚，以叙亲情。

岁时习俗

传统节日习俗

春 节 雁鸣湖镇有大年初一起五更放鞭炮的习俗。除夕零时后，家家户户陆续放鞭炮至天亮，此谓辞旧迎新。初二是新婚夫妇到岳父母家拜年的日子，初三是上坟烧纸祭祖的日子，一直到元宵节，亲戚们相互拜访。新世纪以来，群众生活富裕，各村都在组织开展文化娱乐活动，建立文化大院、成立村盘鼓队等。尤其是在春节期间，辛寨村、朱固村、韩寨村、西村各盘鼓队争相献艺，异常热闹。

元宵节 正月十五为“元宵节”。旧时，镇区各家有点灯盏之俗。用黄面蒸灯盏，高约3厘米，直径3厘米，窝窝形圆体。上面凹形注香油，用棉絮点燃，放头门两边的石墩上。集镇上元宵节期间都要玩狮子、高跷、小车、旱船等。如今，人们在广场上表演盘鼓、广场舞、百人秧歌舞、猜灯谜等节目，欢度佳节。

二月二 农历二月初二俗称“龙抬头”，家长喜欢在此日为孩子理发，期望孩子将来有出息。二月二中午雁鸣湖大多人家都要吃捞面条，称为吃“龙须面”，祈求捞住富贵和健康高寿。

闹元宵

清明节 清明这天，镇区村民有门上插柳、上坟祭祖、给坟添土的习俗。上坟宜早，有“早清明”之说。

端午节 农历五月初五为端午节。雁鸣湖端午节有在门上插艾、吃粽子、炸糖糕和菜角习俗，还有出嫁姑娘回娘家走亲戚的风俗。

中秋节 农历八月十五为中秋节。节前数日，雁鸣湖镇域的人们携月饼、水果等礼品走亲戚。当晚全家围坐在一起吃月饼、赏月。

九月九 农历九月初九是重阳节，又称登高节、老人节。该日人们登高望远，饮菊酒、食糕点。

冬至送饺子

十月一　农历十月初一，俗名为“鬼节”。该日，子孙上坟烧纸，祭祀祖先，并要往坟上添土，以示增衣添暖。

冬　至　俗称“交九”，镇区流传“数九歌”道：“一九二九不出手，三九四九沿凌走，五九六九风摆柳，七九六十三，行路客人把衣宽，八九燕归来，九九杨落地，十九杏花开。”镇区冬至有吃饺子的习俗。

腊　八　农历腊月初八俗称“腊八”。是日，各家煮小米饭时掺以杂粮、红枣、柿饼等，名为“腊八粥”。把米粥抹在枣树上，以期来年五谷丰登，瓜果满枝。

除　夕　农历十二月三十晚上（如果当月为二十九天，则在二十九）为除夕。除夕是一年最后一天的夜晚，镇区村民除夕贴春联、放鞭炮、守岁，辞旧迎新。

现代节日习俗

元　旦　1 月 1 日为元旦。

妇女节　即国际劳动妇女节，以 3 月 8 日为节日。镇内召开表彰优秀妇女工作者和好媳妇大会，对评出的先进妇代会、村优秀妇女工作者、好媳妇进行表彰和祝贺。

植树节　每年3月12日为我国的植树节，每到此日，镇内各村群众都要进行植树造林活动。

五一劳动节　中华人民共和国成立以来，国家将5月1日定为法定的劳动节。每年的这一天，雁鸣湖镇对有突出贡献的劳动者进行表彰。

五四青年节　每年5月4日为中国的青年节。青年节期间，共青团雁鸣湖镇委组织青年人进行志愿服务，并对先进团员、青年进行表彰。

六一儿童节　雁鸣湖镇域内的少年儿童于6月1日儿童节期间举行庆祝活动，举行新队员入队仪式。镇里举办庆“六一”会演，救助贫困儿童，对贫困学生发放书包、文具盒等学习用品。

建党节　每年的7月1日为中国共产党建党节。中华人民共和国成立后每年此日雁鸣湖镇各级党组织举行庆祝活动。

教师节　1985年9月10日为中国第一个教师节。每年的9月10日，镇内教育系统和全体教师举办庆祝活动，镇里召开会议，表彰先进教育工作者。

国庆节　10月1日为中华人民共和国成立的日子。国庆前后，镇里组织各社区、各村举行庆祝活动。近些年，也有不少村民在国庆期间到外地旅游观光。

“五四青年节”居民趣味运动会之一

“五四青年节”居民趣味运动会之二

方言土语

地名方言

孙拔（mǎ）庄——孙拔（bá）庄

闫（yé）砦——闫（yán）砦

司（sè）口——司（sī）口

张满（bǎi）庄——张满（mǎn）庄

九堡（běn）——九堡（bǎo）

韩（hǎi）寨——韩（hán）寨

杏（xiù）街——杏（xìng）街

称呼方言

老爷——曾祖父

老奶——曾祖母

伯伯——爸爸

大伯伯——伯父

婆——丈夫的母亲

老爹——最小的叔叔

老娘——最小叔叔的妻子

老孩——最小的孩子

掌柜的——丈夫

常用方言

起场——把碾过的麦秸挑出场外，把麦籽推成堆

月黑头——夜间没有月亮

喷空儿——闲谈、聊天

扁食——饺子

老了——死了

一拃——大拇指与中指张开的长度

不甩乎——不理

夜儿个——昨天

前儿个——前天

半航巷——下午四五点

卖野眼——注意力不集中

不得劲——不舒服或工具不顺手

哇噢——袜子

小年歇——元宵节

鳩——鸡子

列蛄——蝼蛄

除川——蚯蚓

小虫——麻雀

民间游艺

踢 房

踢房是孩子玩的一种游戏。玩时，首先在地上画一个长约 5 米、宽约 2 米的长方框，再将其分成 8 个平行的小长方框；然后确定踢房者的先后顺序，用抽棍方式确定，长棍者先踢，短棍者后踢。先踢者站在第一个小方框前将准备好的瓦片（后来改用沙包）撂到第一个小方框里，然后一腿蜷起，用另一只脚将瓦片踢入第二个长方框里（瓦片压线或出大方框为败），谁能将瓦片踢入第 8 个小长方框就可以在某一个小长方框内划出一部分归己有，叫占房，下次再踢到这里就可以歇脚。占房越多越易歇脚，也就越易占房，最后占房多者为胜。

捉迷藏

一个人先捂住逮者的眼睛，其他所有被逮者各藏各的地方（暗处），藏好后捂眼者高喊："开始逮了！"然后逮者到处找藏者，藏者如果被发现，可以向捂眼人那地方跑，跑到那地方摸住预先指定的墙、石头或树等物时就算逃过一劫；如果中途被捉住就算败者，自己被捂眼去逮别人。

丢手巾

先让少年儿童围坐成一个大圆圈，眼睛向前看，不准左顾右盼，更不许向后看；然后选出一个手拿手巾的人在圈外围圈转跑，趁谁不注意时将手巾丢在他（她）的身后，然后继续跑。如果此人发现身后有手巾，就立即拿起手巾追赶丢者，在丢者未坐入拾手巾者位置前追上，追者算赢；否则，被追者算赢。输者要给大家表演一个节目。

剪包锤

双人游戏，双方喊"剪包锤"为号，握拳为锤，伸出食指和中指为"剪"，五指全部展开为包。锤能砸坏剪，剪能剪烂包，包能包住锤，以此规则决定胜负。

临街临

在有月光的夜间，一群儿童分为两班，相距20米左右。两班间一问一答：“月奶奶扛大刀，恁咧人班叫俺挑。”“挑谁？”，“挑王魁”；“王魁没在家”，“一挑恁弟儿仨”；“俺弟儿仨不说话。”“一挑挑住恁自家儿。”被挑中者在本班掩护下向对方奔跑，另一班围追堵截，竭力捉住被挑中者，被挑中者在到达对方位置没被捉住，返回自己的位置即胜出，否则另一班胜出。

下地棋

双方随地拾取砖头瓦块或枝条草棒等作为棋子，在地上画数行方格不等，按规则摆好棋子，或者像下围棋一样交替放棋子，之后走棋攻杀，或吃掉或围困对方棋子，以一方被吃完或困死定胜负。

地棋有多种玩法，名称、规则皆不同，常见的有两种：

走顶子儿。画四纵四横的棋盘格，双方轮流摆放棋子，两枚棋子相邻放在同一行（列）靠边的一端，同一行（列）另一端相邻的对方棋子被顶掉（吃掉）。棋盘格摆满时，双方各撤掉对方一个棋子后轮流走棋，继续按规则顶子儿，直至一方只剩下一枚棋子或主动认输。

搁方儿。一般常见的是六道横线，六道竖线。双方轮流摆放棋子。一个人自己的4个棋子摆在一格的四角称一方，6枚棋子摆在同一行（列）的线上称“一檩”。一方和一边檩可吃掉对方的一个棋子；中间的檩可吃掉对方的两个棋子。吃对方棋子后，成方的方格内抠一个小坑做记号，成檩的两头画上○做记号。做记号的“方”和檩不能再成“方”和檩，到棋盘上无空方格和直线，一方的棋子无法再成“方”和“檩”时，以棋盘上的棋子多为胜。

大事纪略

1966 年 6 月，第二次开挖丁村支渠。

1966 年 12 月，三刘寨至辛寨引黄淤灌总干渠水利工程竣工。

1966 年冬，开挖东干渠。

1967 年，在运粮河南边、中东公路西边的村队引黄河水试种水稻。

1971 年，黄河堤南的村庄普遍引黄种稻，并在辛寨村育苗。

1972 年，东漳公社开始用电。

1979 年 2 月，黄河塌滩，太平庄、司口、东漳、孙拔庄等村滩地全部被淹。

1980 年，中牟至东漳公路铺修三级渣油路面 20 千米。

1980 年，辖区生产实行小片包干责任制。

1980 年，中牟县水利局在韩寨村南 500 米处征地约 1100 亩左右，建中牟县国营渔场。

1981 年，废除工分制，全公社农业生产普遍实行大包干责任制，集体生产农具、牛驴骡马、土地等分包给群众。

1983 年，东漳公社改称乡，所辖大队改称村民委员会，生产队改称村民组，社员改称村民。

1985 年，联合国粮农组织在韩寨村南设立“2814”援建项目，开挖鱼池 800 亩。

1988 年 5 月 12 日，东漳至狼城岗渣油公路竣工通车。

1988 年 9 月 20 日，东漳至赵口的 14 千米黄河防汛专用渣油公路竣工通车。

1989 年 10 月，中牟县在赵口总干渠以北、中东公路以西打圈堤 11 千米、圈地 1 万亩建成沉沙池，渠水在此沉淀，向下游输送清水。

1992 年 8 月 10—16 日，黄河出现 3 次洪峰，最大流量 6300 立方米每秒。

1992 年，八一电影制片厂和黄委会拍摄 10 集电视连续剧《黄河魂》，辖区的九堡险工处是其拍摄地之一。

1993 年 3 月 1 日，全面放开粮价，废止粮票。

1993 年 3 月 12 日，河南省青年“保护母亲河行动”启动仪式在东漳乡境内的黄河大堤上举行，同时启动防护林营造工程。

1994 年 6 月，东漳乡启用程控电话。

1995 年，杏街村集体投资 50 万元建成中牟县香稻酒厂，该厂 2004 年更名为雁鸣湖酒厂。

1995 年，杏街村被郑州市评定为小康村。

1999 年，县、乡两级政府决定开发沉沙池。

2001 年，沉沙池正式命名为雁鸣湖，当年引进大闸蟹苗养殖成功。

2001 年 9 月 25 日，首届“2001 中牟之秋雁鸣湖大闸蟹美食节”开幕。

2003 年，建 1.63 万千伏安的变电站，结束了由外乡送电的历史。

2004 年 7 月，东漳乡更名为雁鸣湖乡，行政区划不变。

2004 年 4 月 25 日，雁鸣湖自然风景区“槐林花海百姓生活游”开幕。国家旅游局颁发的 AA 级景区的牌匾在雁鸣湖景区正式挂牌。

2005 年，“雁鸣湖大闸蟹”在国家工商总局完成商标注册。

2005 年，雁鸣湖乡中心卫生院门诊病房大楼在今雁鸣大道正商路交叉口东侧建起，卫生院当年搬迁至新址。

2006 年，雁鸣湖乡实行新农村合作医疗保险制度。

2006 年，朱固村党支部被郑州市委评为“五好”村党支部。

2009 年，朱固村被评为“河南省农村经济发展百强村”。

2009 年，完成各村的饮水安全工程，受益群众 7000 余人。

中牟 · 国家农业公园一景　王维　摄

运粮河水系雁月湖

雁鸟湖镇今貌

2010年3月，撤乡建镇，雁鸣湖乡更名为雁鸣湖镇，行政区划不变。

2010年，全镇实行养老全覆盖，年满60周岁以上的农村老人开始领养老金。

2011年春，镇政府投资45万元先后在17个行政村、17所学校、机关大院及镇区主街道安装了监控设备。

2011年8月11—16日，因南水北调中线工程建设，南阳市淅川县金河镇魏岗村、老城镇穆山村移民先后搬迁至雁鸣湖镇移民新村。

2011年冬，东村、韩寨、朱固3个村成功完成土地流转面积7847亩。

2011年冬，全面关闭黄河滩区黏土墙材企业，全镇共拆除窑厂28座。

2011年，中牟县被确定为全国第二批新型农村社会养老保险试点县，当年全镇参保率达94%。

2011年，为全镇居民建健康档案，新型农村合作医疗参保率达100%。

2012年4月，中牟·国家农业公园开工建设。

2012年，全镇配置巡防车辆，安装170多个摄像头，实现镇域安全监管全覆盖。

2013年年初，雁鸣大道开工建设，年底通车。

2014年7月，投资20余万元建立全县首个镇级广播站。

2014年9月，雁鸣湖大闸蟹专业合作社成立。

2014年年底，运粮河水系、小雁河下游水系景观建设完工。

2015年，进行10千伏电路改造，解决了全镇区生活供电不足的问题。

2016年1月起，镇政府为全镇60岁以上党员和70岁以上老人每人每月发放生活补助100元。

2016年9月，新建的镇便民服务中心投入使用，群众可一站式办理各项业务。

2016年冬，完成各行政村视频监控系统建设，实现全镇平安建设网络无缝覆盖。

2017年，镇卫生院在伴月北路北段西侧新院址建成，并于当年4月搬迁。

2017年，雁鸣湖镇被评为全国文明村镇和省级卫生镇。

2018年，雁鸣湖镇被河南省旅游局评为“河南省乡村旅游特色名镇”。

2019年春，省道S312雁鸣湖段开工建设。

2019年10月16日，雁鸣湖镇官渡黄河大桥通车。

口述史

雁鸣湖镇历史悠久又充满活力。

独特的地理位置造就了这一带独有的黄河打硪号子；勤劳无畏的黄河渔民成立了义务救援队救助落水的人们；富有大爱的老人退休后又热心于捐资助学；当丹江口移民需要搬迁时，这里又敞开怀抱迎接来自淅川的移民……

让我们通过这些事件的亲历者，来了解生活在这里的人们和这片热土。

LOCAL RECORDS OF YANMINGHU

黄河岸边打硪号子

口述：闫西禄

整理：校 娟

我叫闫西禄，今年 81 岁，家住中牟县雁鸣湖镇太平庄社区，我对我们这里的黄河打硪号子比较熟悉，觉得独具特色，所以收集了一些。

太平庄北邻黄河滩区，黄河大堤就在村后。1954 年，14 岁的我高小毕业后在家务农。因离大堤很近，我爷爷和父亲常带领工友们在大堤上打硪，他们的号子喊得很响亮。

黄河打硪号子

我 18 岁的时候，有一天我父亲有事叫我去替他打硪，我去了三天就对这种朗朗上口的打硪号子有了兴趣。那时候，我爷爷和工友们叫这种号子为《钉缸号》，我就随着他们喊。因为我有文化基础，学东西快，很快就学会了几个号子。又过了两年，开始修复黄河大堤，黄河两岸又出现了众人一起打硪的情景。记得那时候大堤上硪很多，大约有一百多个盘，后来丁村支渠开工，以生产队为单位打硪的也不少。在这期间，我学会了打硪，也熟悉了不少打硪号子。

那些年里，大堤修坝等大型土方工程都需要用打硪来完成，家家户户都会参与。打硪的时候，一般是 10 人来操作，2 个人拉大门，4 个人帮扠，还有 4 个人拉横门，这 10 个人中间分 1 号头、2 号头、3 号头。使用的石硪有 38 公斤左右，硪上面 10 个硪扣、10 个硪辫、1 个长裙腰。那时候打硪，2 个小时以内一般不叫号，超过了 2 个小时才会喊起号子鼓舞士气。号子喊起来，八里十村都能听到。当时还流传着一句顺口溜："号子一响劲头高，多打土方挣钞票，挣了钞票养老少。"我爷爷说，提起打硪号子，他一辈子都忘不掉。

这些年来，社会发展很快，黄河岸边早就不需要人工打硪了，这些打硪号子好多都遗失了。进入 21 世纪后，在中牟县政府的支持和关怀下，我们收集和保留了一批打硪号子。前几年，县里组织了一批人培训学习打硪号子，先后在 2017 年中牟县委宣传部组织的春晚和雁鸣湖镇组织的春晚上演出，还在正月十六的文化局广场展演中亮相，吸引了不少群众观看。

打硪号子从我爷爷那一辈算起，到我这里算是传了三代，现在我又有了下一代的传承者，我希望能把这种独具特色的黄河打硪号子一代代传承下去。

我和水上义务救援队

口述：王喜军

整理：刘振宇

我叫王喜军，1966年出生，是黄河岸边的一个渔民。这些年，大家送我一个外号“黄河游侠”。为啥呢？因为我23年前成立了黄河厉风义务救援队，这些年来，救援队在沿黄几个省份义务救援，不管谁联系我们，我们会第一时间赶到现场，而且救援工作分文不取。

要说我成立救援队，还得从我第一次救人说起。1995年夏，有天中午我吃过饭在黄河岸边的一棵树下乘凉，突然听见孩子的呼救声，我赶紧跑过去看，只见一个孩子在混浊的河水里挣扎沉浮。我赶紧一头扎进水里，凭借自己多年在黄河里练就的水性，游过去托住孩子的脖子小心地游到岸边。当时孩子已经不省人事了，我凭借自己掌握的一点常识对孩子进行紧急施救，当听到孩子哇的一声边哭边咳嗽，我终于长出了一口气。

就是这次黄河救生经历让我知道了及时救援的重要性。我想，既然身在黄河边，就要为溺水者提供力所能及的帮助。之后的一段时间，我在溺水者亲人和附近乡亲们的配合下，先后救起20余人。

2000年夏，我牵头成立了黄河厉风义务救援队，不为别的，只为珍惜生命，让活人平安、逝者安息。这些年，我们救援队逐渐壮大，到2013年年底就达到50多人。通过筹资自购、社会捐助和政府帮扶，救援队拥有船只20多条，我们将义务打捞搜救与沿岸的巡视劝诫宣传工作同步开展，“防救结合”成了救援工作的常态。这些年，黄河汛期尤其是暑假期间是我们最忙的时候，经常忙得没日没夜的，有时候弄块方便面啃啃，就得马上开始忙。

到现在，我们这个队伍已经跑了将近18万公里，足迹遍布沿黄七个省，虽然很辛苦，但收到了很多荣誉，光锦旗就一二百个，

证书也老厚的一摞。从 2012 年起，我们打捞上来的尸体，不完全统计也超过了 1000 具，成功挽救生命 89 人，家属送来的感谢金超过 200 万，我们分文都没收。

这两年，我儿子也跟着我加入了救援队，但刚开始家人不同意，因为我毕竟就这一个独生子，水上救援危险性还是很大的，但后来逐渐理解了儿子的选择。

救援是个良心活，面对落水的人，我们根本不会考虑那么多，只知道要先救人，因为啥都没有生命珍贵，人命大于天。

黄河厉风救援队

退休后，我在捐资助学

作者：马斯昂

我叫马斯昂，出生于1930年，祖居中牟县雁鸣湖镇东村。在早年从教，20世纪50年代参军，参加过对越自卫还击战，受到过广州军区嘉奖，被中央军委授予过胜利功勋荣誉奖章。

我离休后一大爱好就是读书看报，第一次捐款的想法就是读报时产生的。2003年，我从报纸上看到华中农业大学学生徐本禹的支教事迹，深受感动。2004年7月老伴病逝后，我拿出家里仅有的2万多元积蓄，希望通过徐本禹捐给贵州山区的贫困孩子。

完成首次捐款后，我觉得十分开心、满足，决定继续捐款助人。因为小时候吃过求学困难的苦，我便把目光投向了我的故乡——雁鸣湖镇东漳村。从2005年开始，我每年至少要回东漳村三次，为村里的贫困老人、学子捐款捐物。我带头捐款6000元，帮助村里成立老年人协会；每年拿出3500元奖励村里的优秀中小学生；2010年组织成立“马斯昂奖助学金”，每年捐款1.5万~2万元奖励雁鸣湖镇成绩优秀或家庭贫困的初、高中毕业生；我还为母校开封市第一高中每年捐款1万元……在南方冰冻灾害、玉树地震时，我也进行了捐助。从2004年至今，我捐款已达40多万元。

在我的影响下，在武汉理工大学工作的儿子马卉也成了一位热心公益的爱心人士。他在学校创办了法律服务中心，为师生及周边居民提供法律援助服务10余年。他还主动担任该校残联理事长，为在校的残疾大学生提供服务和帮助。

儿子不但对我年年捐款表示理解和支持，还和我一样做了许多有益于他人的事情，我感到非常欣慰，这也算是助人为乐的一种传承吧。

移民村融入了雁鸣湖镇

口述：魏国林
整理：刘振宇

我叫魏国林，今年 51 岁，老家在南阳市淅川县金河镇魏岗村。2011 年，为了支持南水北调工程，我们搬到了雁鸣湖镇。搬来之前，我在村里当过村委会主任和村党支部书记。搬来之后，我又从民事调解员成为村支部书记。搬来后的这 8 年里，虽然经历了一些磕磕绊绊，但我们村逐渐融入了这里。

刚搬来时，村民面临的主要是土地问题，因为村子的土地没有家乡的肥沃，所以有人不愿意种，村“两委”就征求群众的意见，把愿意耕种的村民的土地集中到一起，其余的整体流转。土地问题解决后，自来水水质、污水排放、个别房屋漏雨等问题也得到迅速解决，村民很快安顿下来。

接下来几年雁鸣湖发展很快，我们的居住条件、基础设施一步步改善，我们越来越喜欢这里，但两地不同的生活习惯一时间也给我们的生活带来了不小的影响。

比如，我们老家淅川喜欢吃面条，吃馒头的人比较少。我们村家家户户都有一台小型轧面机，村民们最喜欢吃刚轧出来的湿面条，甚至不少人早晨也是吃面条。我们轧面条的

魏岗移民村

习惯都是吃一顿就轧一顿的量，配面条则以酸菜居多。雁鸣湖当地的人多数是吃馒头，面条吃得少，且大多是挂面或超市买来的成品面条。还有这里的水质和淅川不同，做出的酸菜没有了家乡的味道。

人的适应性是很强的。我们在这里生活一段之后，发现这里生活节奏快，原来“慢慢轧面条”从时间上不允许了。大家体会到了买馒头和面条的好处了，也就入乡随俗，逐渐适应了。

生活的习惯还算好说，要说语言的差距，那真是闹了不少误会和笑话。

比如，雁鸣湖镇本地人说的“媳妇”一般指儿媳妇，说自己的媳妇时一般用“老婆”，而我们淅川的语言中，“媳妇”就是指自己的妻子。刚开始的时候，因为这个闹了不少笑话。还有，南阳这边称呼伯伯都不用“伯”这个字眼，大伯二伯都是称作“大爹”“二爹”，雁鸣湖这边正常称呼“大伯”“二伯”，但最小的叔叔却是称呼“老爹”。两边都“不太规范”的语言习惯，让我们和当地人交流时总是说不到一起去。

经过了几年的磨合，现在大家都了解了彼此的习惯，尽量说普通话，涉及称呼不一致的时候，一般都先主动问对方怎么称呼。就这样，我们和当地人的交流也逐渐没有了障碍。

回顾这几年的生活，从刚搬来的不适应、有矛盾，到问题逐渐解决，居住环境越来越好、生活习惯逐渐融入，我们移民村都喜欢上了这里。用村民的话说就是，现在让走也不走了。

最近几年，镇政府还为符合条件的老人们每月发放 100 元的补助，老人们可开心了，都说搬过来真是享福了。

附　录

黄河打硪号子

（河南省非物质文化遗产项目）

钉缸号

领：一个鸡蛋两头光	接：呀呦咿呀呦
领：担着小挑游四方	接：呀呦咿呀呦
领：北京南京我都到过	接：呀呦咿呀呦
领：就没到过王家庄	接：呀呦咿呀呦
领：王家庄有个王员外	接：呀呦咿呀呦
领：他有三个好姑娘	接：呀呦咿呀呦
领：大姑娘是个秃葫芦	接：呀呦咿呀呦
领：二姑娘是个葫芦光	接：呀呦咿呀呦
领：就数三姑娘长得好	接：呀呦咿呀呦
领：圆圈有毛当间光	接：呀呦咿呀呦
领：紧走慢走来到十字路口	接：呀呦咿呀呦
领：扁担竖到影背墙	接：呀呦咿呀呦

号　两

领：噢喂嘿 嗨喂嘿　　接：嗨嘿嘿　嗨嗨

领：噢喂嘿 嗨嘿嘿　　接：嗨嗨哎嘿 嗨嗨嗨

领：咦哎嘿 哎嘿哼　　接：噢嘿嘿　嗨嗨

领：莫要慌来 嗨嗨　　接：嘿嘿　嗨嗨

领：莫要忙咧 咳咳　　接：啊嗨嗨　嘿嘿

领：不慌不忙 嗨嗨　　接：啊嘿嘿　嗨嗨

领：才能力长 嗨嗨　　接：啊嗨嗨　嘿嘿

领：一女贤良 哎嗨嗨　　接：嘿嘿　嗨嗨

领：数孟姜哎　　接：嘿嘿　嗨嗨

领：二郎担山 嗨嗨　　接：啊嗨嗨　嘿嘿

领：赶呢吧赶太阳啊嗨　　接：啊嗨嗨　嘿嘿

桩 号

领：啊嗨喂嘿嘿咿呦嗨嘿啦啦　　接：嗨嗨嗨嗨嗨哎嗨啦嗨嗨

领：啊嗨喂喂喂嗨咦呦嘿　　接：嗨嗨哦嘿嘿嘿呀呀嗨

领：嗨嗨嗨呀啦啦咿呀嘿咳　　接：啊嘿嘿咳嗨嗨呀咳嗨嗨嗨呀嗨嗨

宣圈号

啊喔哇哈哈 吔好 哎嗨嗨呦嗬嗨呀

嗨哟 罗果尼好 来呀 嗨嗨嗨呦嗬

嗨哟 打一个咧 均儿啊 嗨嗨嗨呦嗬

嗨呦 西瓜尼连 指 嗨嗨嗨呦嗬

嗨呦 连续尼力 均儿啊 嗨嗨嗨呦嗬

嗨呦赛过尼不 来哎 嗨嗨嗨呦嗬

二八号

咿呀咿呀！　接：嘿呀咳咳；

一人一马，　接：嘿嘿呀嗨；一杆枪呀！　接：嘿嘿呀嗨；

二郎担山，　接：嘿嘿呀嗨；赶吧太阳，　接：阳呀咳呀嗨嗨；

三人哭活，　接：嘿嘿呀嗨；紫荆树啊！　接：嘿嘿呀嗨；

四马报告，　接：嘿嘿呀嗨；小秦王，　接：王呀嘿呀嗨嗨；

五云马上，　接：嘿嘿呀嗨；保太子，　接：嘿嘿呀嗨；

镇守边关，　接：嘿嘿呀嗨；杨六郎，　接：郎呀嘿呀嗨嗨；

齐国里有个，　接：嘿嘿呀嗨；冤孙膑，　接：嘿嘿呀嗨；

八仙子弟，　接：嘿嘿呀嗨；说张良，　接：嘿嘿呀嗨；

九里山前，　接：嘿嘿呀嗨；活埋母，　接：嘿嘿呀嗨；

十里埋伏，　接：嘿嘿呀嗨；说霸王，　接：王呀嘿呀嗨嗨；

十一南唐，　接：嘿嘿呀嗨；跨官锁，　接：嘿嘿呀嗨；

十二岁征西，　接：嘿嘿呀嗨；杨满堂，　接：堂呀嘿呀嗨嗨；
十三太保，　接：嘿嘿呀嗨；李春孝，　接：嘿嘿呀嗨；
十四铁篙，　接：嘿嘿呀嗨；王彦章，　接：嘿嘿呀嗨；
十五大刀，　接：嘿嘿呀嗨；王怀女，　接：嘿嘿呀嗨；
十六磨坊，　接：嘿嘿呀嗨；李三娘，　接：娘呀嘿呀嗨嗨；
十七哪吒，　接：嘿嘿呀嗨；闹东海，　接：嘿嘿呀嗨；
十八罗成，　接：嘿嘿呀嗨；投大唐，　接：唐呀嘿呀嗨嗨；
十九王莽，　接：嘿嘿呀嗨；赶刘秀，　接：嘿嘿呀嗨；
二十八宿，　接：嘿嘿呀嗨；闹昆阳，　接：阳呀嘿呀嗨嗨。

参考文献

[1] 雁鸣湖镇志编纂委员会 . 雁鸣湖镇志 . 郑州：中州古籍出版社，2014.
[2] 中牟县地方志编纂委员会 . 中牟县志 . 北京：生活 · 读书 · 新知三联书店出版社，1999.
[3] 中牟县地方志编纂委员会编 . 中牟县志（1991—2000）. 郑州：中州古籍出版社，2006.
[4] 中牟县地方志办公室 . 中牟年鉴 2009. 郑州：中州古籍出版社，2009.
[5] 中牟县地方志办公室 . 中牟年鉴 2012. 北京：方志出版社，2013.
[6] 中牟县地方志办公室 . 中牟年鉴 2013. 郑州：中州古籍出版社，2013.
[7] 中牟县地方志办公室 . 中牟年鉴 2014. 郑州：中州古籍出版社，2015.
[8] 中牟县地方志办公室 . 中牟年鉴 2015. 郑州：中州古籍出版社，2016.
[9] 中牟县地方志办公室 . 中牟年鉴 2016. 郑州：中州古籍出版社，2017.
[10] 中牟县地方志办公室 . 中牟年鉴 2017. 郑州：中州古籍出版社，2018.
[11] 中牟县地方志办公室 . 中牟年鉴 2018. 郑州：中州古籍出版社，2018.
[12] 郑州市地方史志编纂委员会 . 郑州市志 · 1. 郑州：中州古籍出版社，1999.
[13] 郑州市地方史志编纂委员会 . 郑州市志 · 2. 郑州：中州古籍出版社，1998.
[14] 郑州市地方史志编纂委员会 . 郑州市志 · 3. 郑州：中州古籍出版社，1997.
[15] 郑州市地方史志编纂委员会 . 郑州市志 · 4. 郑州：中州古籍出版社，1999.
[16] 郑州市地方史志编纂委员会 . 郑州市志 · 5. 郑州：中州古籍出版社，1998.
[17] 郑州市地方史志编纂委员会 . 郑州市志 · 6. 郑州：中州古籍出版社，1998.
[18] 郑州市地方史志编纂委员会 . 郑州市志 · 7. 郑州：中州古籍出版社，1998.
[19] 郑州市地方史志编纂委员会 . 郑州市志 · 8. 郑州：中州古籍出版社，2000.

编纂始末

根据中国地方志指导小组办公室《关于启动〈中国名镇志丛书〉编纂工程的通知》和《中国名镇志文化工程实施方案》部署，开发利用地方志文化资源，传承乡土历史文化，保存乡土文化记忆，充分发挥地方志“资政、教化、存史”功能，按照郑州市地方史志办的安排要求，《雁鸣湖镇志》编纂工作于2019年8月启动，成立了雁鸣湖镇志编纂委员会，组建了编纂团队，全面展开前期工作。

《雁鸣湖镇志》编纂之始，编纂团队就立足于展现雁鸣湖镇发展特点和独有价值，统合古今，详今略古，对中华人民共和国成立以后，特别是中共十一届三中全会以来所发生的重要史实进行重点记述，深入挖掘雁鸣湖镇厚重的历史文化传统、锐意进取的发展历程、改革创新的人文精神。

《雁鸣湖镇志》从镇情特点出发，突出镇域特色和重要史实，在篇目设置上力图有所创新，在语言上努力追求朴实、严谨、简洁、流畅，增加可读性。

在编纂过程中，河南日报农村版地方史志编辑部的编辑各负其责，其中殷淑娟负责编纂《中原水乡　大美雁鸣》《镇域经济》《旅游开发》，盛俊红、段俊韶、孙兵负责编纂《基本镇情》，刘振宇负责编纂《特色文化》《大事纪略》《口述史》，段俊韶负责编纂《风土民情》，盛俊红负责编纂《文物胜迹》。后期，盛俊红、殷淑娟负责书稿的初审，河南日报农村版总经理顾华负责书稿的复审，保证了《雁鸣湖镇志》的顺利完成。

雁鸣湖镇党委、镇政府十分重视镇志的编纂工作，镇党委书记刘海玲、镇长梁全峰多次对镇志编写提出要求，审核提纲。镇人大主席王锋具体负责协调各领域、各部门、各村，合力支持镇志编写工作。中牟县档案馆馆长冉宁对镇志编写工作给予了大力支持。镇属各部门、各村、有关单位积极提供资料。在此谨向为本书付出辛勤劳动的所有人士致以衷心的感谢!

因本书中所选照片及文章众多，部分作品未能在出版前及时联系到著作权人，请著作权人看到后与我们联系，我们将奉上稿酬。

镇志编纂工作，时间仓促，资料分散，加之理论水平有限，才疏学浅，虽潜心编纂，数易其稿，其错误和遗漏的地方在所难免，敬请社会各界和专家学者批评指正。

《雁鸣湖镇志》编纂委员会

2019 年 12 月